JIANGSU ZHISHI CHANQUAN
SHILI ZHUANGKUANG BAOGAO
★ 2021 ★

江苏知识产权实力状况报告

2021

江苏省知识产权研究会　组织编写

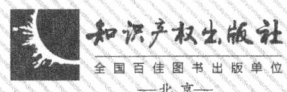

知识产权出版社
全国百佳图书出版单位
—北 京—

图书在版编目（CIP）数据

江苏知识产权实力状况报告 . 2021/江苏省知识产权研究会组织编写 . —北京：知识产权出版社，2021. 12

ISBN 978-7-5130-7984-6

Ⅰ. ①江… Ⅱ. ①江… Ⅲ. ①知识产权-研究报告-江苏-2021 Ⅳ. ①D927. 530. 340. 4

中国版本图书馆 CIP 数据核字（2021）第 269292 号

内容提要

本书旨在通过对江苏省各设区市知识产权实力状况的监测与分析，强化江苏省知识产权保护工作，推动知识产权强省建设和江苏经济高质量发展。本书构建了由 4 个一级指标、10 个二级指标和 41 个三级指标构成的江苏省知识产权实力指标体系，通过测算，全省 13 个设区市知识产权实力呈现"苏南高、苏北低"的特征，知识产权实力居前三位的依次是南京市、苏州市和常州市。本书可作为知识产权理论和政策研究人员、实务工作者及相关社会公众的参考读物。

责任编辑：张珑　苑菲　　　　　　**责任印制：孙婷婷**

江苏知识产权实力状况报告 2021

江苏省知识产权研究会　组织编写

出版发行：知识产权出版社有限责任公司	网　　址：http://www.ipph.cn
电　话：010 - 82004826	http://www.laichushu.com
社　　址：北京市海淀区气象路 50 号院	邮　　编：100081
责编电话：010 - 82000860 转 8763	责编邮箱：laichushu@ cnipr. com
发行电话：010 - 82000860 转 8101	发行传真：010 - 82000893
印　　刷：北京中献拓方科技发展有限公司	经　　销：新华书店、各大网上书店及相关专业书店
开　　本：720mm×960mm　1/16	印　　张：9.75
版　　次：2021 年 12 月第 1 版	印　　次：2021 年 12 月第 1 次印刷
字　　数：130 千字	定　　价：48.00 元

ISBN 978-7-5130-7984-6

编 委 会

主　　编：支苏平

副 主 编：黄志臻　施　蔚　赵　旗　张传博

编　　委：王亚利　唐小丽　龚跃鹏　孟彦娟　薛　莲　刘　宇

邹　晨　胡世亮　吴商硕　万安位　钱春琳　陈成梦

数据支持：国家知识产权局

江苏省知识产权局

江苏省知识产权保护中心

江苏省统计局

前　言

党的十八大以来，党中央、国务院对知识产权作出了一系列重大决策和部署，出台了一系列政策措施，推动了我国知识产权事业取得历史性成就。2020年，中共中央政治局就加强我国知识产权保护工作举行第二十五次集体学习，习近平总书记主持学习并发表重要讲话，为新时代全面加强我国知识产权保护工作提供了根本遵循和行动指南，具有重大的政治意义、时代意义、理论意义、战略意义和实践指导意义。江苏省委省政府制定《关于强化知识产权保护的实施意见》及分工方案，将专利质量纳入2020年江苏省高质量发展考核指标体系，将知识产权保护绩效纳入营商环境评价指标，对贯彻落实国家有关文件精神、强化江苏省知识产权保护工作作出了全面部署安排。

随着我国经济社会发展水平不断提高，创新驱动发展已经成为经济发展的核心动力，知识产权在经济社会发展中的重要性日益凸显。江苏省知识产权研究会自2014年开始编制《江苏专利实力指数报告》《江苏知识产权实力状况报告》等书，并持续对外发布，一直致力于将统计学分析方法引入知识产权数据挖掘中，力争揭示影响地区知识产权实力差异的各类因素，为知识产权理论和政策研究人员、实务工作者及相关社会公众提供尽可能翔实、客观的数据和结论。《江苏知识产权实力状况报告 2021》旨在通过对江苏省各设区市知识产权状况的监测与分析，推动知识产权强省建设和江苏产业高质量发展。本书构建了由 4 个一级指标、10 个二级指标和 41 个三级指标构成的江苏省知识产权实力指标体系，通过测算，全省 13 个设区市知识产权实力呈现"苏南❶高、苏北❷低"的特征，知识产权实力居前三位的依次是南京市、苏州市和常州市，均为苏南城市。

数据显示，江苏省 2020 年专利密集型产业从业人员数为 405 万，产业增加值为 16 047 亿元，江苏省专利密集型产业以 8.29% 的就业人口，创造了 15.62% 的 GDP。专利密集型产业增加值占江苏省 GDP 的比重比全国高 3.65 个百分点，专利密集型产业增加值的增幅比全国高 5.61 个百分点，以专利密集型产业为代表的知识产权密集型产业对江苏省高质量发展做出了应有的贡献（见附表1）。江苏省先进制造业集群中很多产业专利产出在全国居前列，2020 年先进制造业集群全国发明专利申请公开量 523 021 件，发明专利授权量 170 828 件；其中国外来华申请量 55 310 件，授权量 29 237 件，分别占全国的 10.58% 和 17.11%。2020 年发明专利申请量前 3 位的省市为广东省、北京市、江苏省，分别为 93 083 件、77 453 件、64 253 件，分别占全国总量的 17.80%、14.81%、12.28%。2020 年发明专利授权量前 3 位的省市为广东省、北京市、江苏省，分别为 31 829 件、31 459 件、16 236 件，占全国发明总量的 18.63%、18.42%、9.50%。总体来说，江苏省战略性新兴产业创新水平处于国内第一梯队，发明专利申请量、发明专利

---

❶ 苏南是江苏省南部地区的简称，包括南京、苏州、无锡、常州、镇江 5 个地级市。

❷ 苏北是江苏省北部地区的简称，包括徐州、连云港、宿迁、淮安、盐城 5 个地级市。

授权量均居全国第 3 位；但省内也存在产业发展不平衡、区域发展差异明显等问题（见附表 2、附表 3、附表 4）。

《江苏知识产权实力状况报告 2021》是多方支持与合作的成果，本书在指标体系构建、数据获取方面获得了国家知识产权局、江苏省知识产权局、江苏省知识产权保护中心及江苏省统计局等单位的大力支持，在此一并致谢。由于时间有限，本书难免存在疏漏与不足，恳请社会各界提出宝贵意见。

江苏省知识产权研究会

2021 年 12 月

目　录

表目录

图目录

第一章 绪 论

一、指数报告编制背景及意义

2020 年，是非常特殊、极不平凡的一年。在江苏省委省政府的正确领导下，江苏省知识产权工作围绕贯彻落实《国家知识产权战略纲要》《江苏省知识产权战略纲要》，积极助力疫情防控和复工复产，聚焦支撑创新发展，聚力优化营商环境，知识产权创造、保护、运用等各项工作稳中有进，推动引领型知识产权强省建设走在全国前列。

为全面反映江苏省知识产权实力状况，定量分析各地区知识产权创造、运用、保护、环境等方面的发展水平，引导江苏省知识产权事业科学发展，江苏省知识产权研究会继续开展江苏省知识产权实力状况研究工作，通过对江苏省各设区市知识产权状况的监测与分析，客观评价地区知识产权发展状况，挖掘各地区知识产权发展存在差距的根源，为各级知识产权管理部门制定相关政策提供更加可靠的数据支撑，进一步提升地区知识产权实力和科技竞争力，更好地促进知识产权强省建设和江苏产业高质量发展。

二、国内外相关研究现状

随着信息社会和知识经济的到来，知识产权的重要性日益突出。目前知识产权综合实力已成为一个国家、地区、企业及科研单位技术创新水平的重要标志。许多发达国家对知识产权的研究和利用十分重视，并已有多年的理论研究和实践经验。他们建立知识产权专题数据库，不断进行深入的知识产权跟踪调查和分析。美国分别于 2012 年和 2016 年两次发布知识产权密集型产业专题报告，欧盟分别于 2013 年、2016 年和 2019 年三次发布知识产权密集型产业专题报告，以产业对经济的贡献为视角，全面评估知识产权对经济的影响，明确提出知识产权密集型产业是经济的重要支柱。美国 2016 年发布的《知识产权与美国经济：2016 年更新报告》显示，2010—2014 年，美国知识产权密集型产业增加值占 GDP 的比重由 34.8% 增长到 38.2%。欧盟 2019 年发布的《知识产权密集型产业及其在欧盟的经济表现》报告显示，2014—2016 年，欧盟知识产权密集型产业的直接就业人数达到 6300 万人，知识产权密集型产业创造了欧盟经济总量的 45%，价值6.6 万亿欧元。

国内学者围绕知识产权综合实力的评价主要包括我国区域、企业、高校的知识产权综合实力评价及知识产权保护水平方面的评价。国家知识产权局的黄庆、曹津燕和刘祥等组成的课题组，在区域知识产权综合实力评价指标体系方面进行了一些研究，从专利数量、质量和价值三方面综合考虑，构建了一套以数量类指标表征专利关注程度，以质量类指标表征科技创新程度，以价值类指标表征专利在市场经济活动中作用的指标体系。其对我国区域的知识产权进行了评价，得出了具有一定意义的评价结果。田高良对现代企业知识产权分析与评价体系作了探讨，对知识产权占有、使用、投资、转让、投入与产出关系等情况进行了全面的分析与评价，从知识产权拥有量及其结构、知识产权投资耗费及其比重、知识产权运营能力和知识产权经济效益四个角度出发，提出知识产权综合评价指标体系。复旦大学知识产权研究中心的陆飞在对国内外有关知识产权评估进行调研的基础上，提出了我国高校知识产权业绩评估的基本原则和技术原则，制定了评估方案，提出了我国高校知识产权业绩评估指标体系。哈尔滨工业大学的王九云在论述了知识产权保护层位的定义及对知识产权保护层位进行评价的必要性、主体和原则的基础上，建立了科学的评价指标体系和评价数据模型，在评价指标体系中引进了技术创新投入、成果指标，而且包括了知识产权的管理、规范、利用、贸易、对经济发展的贡献等指标，并给出了科学的评价方法，提出了不同社会主体按高层位标准保护知识产权应采取的对策和措施。

第二章　理论基础

一、知识产权优势理论

程恩富在对古典经济学的比较优势理论和 20 世纪初所提出的竞争优势理论的局限性进行了改进并结合了中国的现实国情后，提出了知识产权比较优势理论。知识产权比较优势理论是指在经济全球化的国内外市场竞争中，通过培育和发挥拥有自主知识产权的经济优势，在创造、占有、转化和营运知识产权资源及其他的生产要素的过程中，最大限度地提升其核心竞争力并获取长远的、直接的经济利益，是相对于比较优势、竞争优势而言的第三种优势。在知识经济时代，我国需要结合现实的国情培育和发展知识产权优势理论。知识产权优势的核心就是"通过以逐步拥有自主核心技术和自主品牌为主要内容的自主知识产权竞争优势"。在 21 世纪，科学技术创新竞争愈加激烈，随着新技术、新产品、新机遇的出现，国际竞争已转向科技竞争，知识产权作为最具有核心竞争力的资源，如果不加以掌握，最终会受制于人。许多学者都对该理论的提出表达了极大的兴趣，并且做出了跟进研究。郭民生就从经济学的角度进一步提出了知识产权优势理论的内涵，他认为在经济全球化的趋势下，发达国家会通过成熟的市场机制，制定新的游戏规则，将其技术创新优势转化为知识产权优势，以达到生产和运营的垄断优势，占据产业链的高端。知识产权的优势表现在制度优势、规则优势、资源优势和运营优势。其中，资源优势和运营优势是关于知识产权服务机制的发挥问题。可以通过借鉴国际知识产权制定规则来制定我国的知识产权保护制度，通过国际会议上知识产权话语权来维护我国知识产权企业的利益。但是，我国知识资源优势相对薄弱，知识产权运营更是处于探索期，这些都限制了我国知识产权的竞争力。因此，我们必须利用知识产权重塑价值，创立品牌。应通过提升知识产权服务能力帮助企业创造和改进知识，运用和转化智力产品，提升其知识产权运营技巧，为企业培育人才，帮助企业形成国际竞争优势，助推企业走出去。

二、区域协调发展理论

区域关系的协调是区域协调发展重要的动力机制之一。美国学者约瑟夫·奈（"软实力"概念的提出者）与罗伯特·基欧汉合著的《权力与相互依赖》是相互依赖理论的创始之作。该理论的主要观点是，相互依赖是指一个国家或地区对另一个国家或地区在经济活动中的交互影响、作用的程度。由于科技和经济高速发展，国家间、地区间的相互影响、相互作用日益增强，已成为当代国际社会的一个基本特征。相互依赖关系是一种过程，关系范围很广，核心是有序的社会合作。经济、生态上的相互依赖也包含着竞争；虽然利益冲突不是减少，相反，可能以新形式出现而变得增多，但主流仍然是非零和博弈。相互依赖中的不对称现象是常态，而完全依赖或平均依赖则较为鲜见，当彼此都认可双方的依赖关系时，通常依赖性较小的一方在这一关系中拥有更多支配权。相互依赖既可能产生合作的动力，也可能埋下冲突的因子。该理论强调，相互依赖不同于依赖之处就在于，相互依赖意味着付出相应的代价，以彼此交往中受到一定制约为基础。由于事先难以确保收益一定大于付出，所以互利并非相互依赖的主要特征。

"核心-边缘"理论将国家间的相互依赖关系延伸到了一国内部的不同区域之间。这一理论由弗里德曼通过长期对发展中国家的空间发展进行研究后提出来，试图解释一个区域如何由互不关联、孤立发展变成彼此联系、发展不平衡，又由极不平衡发展变为相互关联、平衡发展的区域系统；该理论认为，任何空间经济系统均可分解为不同属性的核心区和边缘（或外围）区，核心区在空间经济系统中居支配地位。核心区是具有较高创新变革能力的地域社会子系统，边缘区则是依附于核心区的地域社会子系统。创新往往是从核心地区向边缘地区进行扩散的。在区域经济增长过程中，必然伴随着核心区与边缘区之间不平等的发展关系。随着区域经济一体化发展和政策引导，核心区和边缘区界限会趋于模糊，各地区都将拥有各自的特色和比较优势，区域经济也将得到全面发展。核心-边缘理论已发展成为一种普遍适用的研究空间非均衡发展的重要分析工具。

三、技术创新理论

熊彼特将创新分成五种不同的类型：采用新产品、使用新的生产方式、获取新的资源供给、开辟新市场和实现新的商业组织。其中，采用新产品是指全新的或更新换代的产品或服务的产生。使用新的生产方式是指提升生产产品和提供服务的新方法。获取新的资源供给，无论这种来源是已经存在的，还是第一次创造出来的。开辟新市场是指有关国家的某一制造部门以前不曾进入的市场，不管这个市场以前是否存在过。实现新的商业组织不仅包括公司内部设置生产程序的新方式，还包括整个行业的重组。此外，熊彼特还解释了以创新作为内生动力的经济发展规律——新熊彼特增长理论。首先，他提出了"企业创新—产业变迁—经济发展"的分析框架，认为企业创新将推动产业的变革。在此基础上，某些产业率先发生创新后，其影响将进一步扩散至经济的方方面面。其次，他认为经济发展是持续的创新的演化过程。企业创新不断地在市场中创造多样性，同时颠覆旧有的技术或组织形式，这种不断的优胜劣汰成为经济发展的动力。由最初的熊彼特创新理论发展演变而来的新熊彼特增长理论强调了企业家在企业发展和经济增长中的关键性作用。企业家通过对已有生产要素的重新组合生产新的物质，进而获得新的生产力。企业的创新精神对于企业发展和经济增长是必不可少的，是创新活动发生的动力源泉。同时，新熊彼特增长理论与新古典增长理论的显著不同之处在于其认为经济增长是基于创新的非均衡破坏，即在破坏的过程中，创新得以不断地涌现，也就是说创新是经济增长的内生决定性因素，而不是外生变量，并且新熊彼特增长理论也强调了在经济增长中干预的角色。

以戴维斯和诺斯等人为代表的新制度经济学家把熊彼特的"创新"理论与制度学派的"制度"理论结合起来，从而探究了制度安排对国家经济增长的影响。他们认为，"制度创新"是指经济的组织形式或经营管理方式的革新。该学派利用新古典经济学理论中的一般静态均衡和比较静态均衡方法，对技术创新环境进行了制度分析。首先，该学派认为经济增长的关键是设定一种能对个人提供有效刺激的制度。该制度确立一种所有权，即确立支配一定资源的机制，从而使每一活动的社会收益率和私人收益率近乎相等。其次，该学派认为制度变化的诱因和动力在于产权的界定和变化。

因此，新技术的发展必须建立一个系统的产权制度，从而提高创新的私人收益率，使之接近于社会收益水平。再次，该学派认为如果一个社会的所有权体系能够明确规定和有效保护每个人的专有权，并可以通过减少革新的不确定性，使发明者的活动得到最大的个人收益，则能够促进经济的增长。最后，戴维斯和诺斯把制度创新的全过程分为五个阶段：形成推动制度变迁的第一行动集团，即对制度变迁起主要作用的集团；提出有关制度变迁的主要方案；根据制度变迁的原则对方案进行评估和选择；形成推动制度变迁的第二行动集团，即起次要作用的集团；两个集团共同努力实现制度变迁。

四、指标权重确定及指数计算

本书采用层次分析法确定指标体系权重。层次分析法（analytic hierarchy process，AHP）是一种定性和定量相结合的、系统的、层次化的分析方法。这种方法的特点就是在对复杂决策问题的本质、影响因素及其内在关系等进行深入研究的基础上，利用较少的定量信息使决策的思维过程数学化，从而为多目标、多准则或无结构特性的复杂决策问题提供简便的决策方法，是对难以完全定量的复杂系统做出决策的模型和方法。

层次分析法的原理是根据问题的性质和要达到的总目标，将问题分解为不同的组成因素，并按照因素间的相互关联影响及隶属关系将因素按不同的层次聚集组合，形成一个多层次的分析结构模型，从而使问题最终归结为最低层（供决策的方案、措施等）相对于最高层（总目标）的相对重要权值的确定或相对优劣次序的排定。

层次分析法利用专家的经验和判断能力，依据专家的判断，对同一层次因素的相对重要性进行两两比较，从上而下地进行整合，最终确定权重。

运用层次分析法确定权重的基本步骤主要分为以下几步：①根据已经构建的指标体系建立判断矩阵；②确定各层次指标的相对权重；③进行一致性检验。

具体流程如图2-1所示。

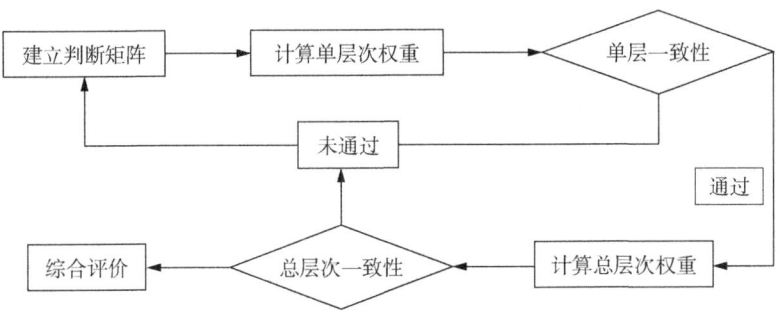

图2-1 AHP实施流程图

（1）建立判断矩阵

我们引用1~9作为标度来衡量同一级两项指标间的相对重要性，用数值表示两者的重要性差异，最终形成判断矩阵。比率标度见表2-1。

表2-1 比率标度表

标度	含义	标度	含义	说明
1	A_i 比 A_j 同等重要	—	—	①A_i 比 A_j 为同一层次的两个评价指标 ②相对上层某个评价指标判断 ③需要两个判断的折中
3	A_i 比 A_j 稍微重要	1/3	A_i 比 A_j 稍微不重要	
5	A_i 比 A_j 明显重要	1/5	A_i 比 A_j 明显不重要	
7	A_i 比 A_j 强烈重要	1/7	A_i 比 A_j 强烈不重要	
9	A_i 比 A_j 极端重要	1/9	A_i 比 A_j 极端不重要	
2, 4, 6, 8	两相邻判断的中间值	1/2, 1/4, 1/6, 1/8	两相邻判断的中间值	

例如，某层次因素集 $U=\{A_1,A_2,\cdots,A_n\}$，将 A_i 比 $A_j(i,j=1,2,\cdots,n)$ 进行相互比较，根据比率标度表确定差异，并进行量化，得到判断矩阵：

$$A=\begin{bmatrix} a_{11} & a_{12} & \cdots & a_{1n} \\ a_{21} & a_{22} & \cdots & a_{2n} \\ \cdots & \cdots & \ddots & \cdots \\ a_{n1} & a_{n2} & \cdots & a_{nn} \end{bmatrix}$$

（2）确定各层次指标的相对权重

对判断矩阵 A，计算满足特征根和特征向量，并将特征向量标准化后得到 $W,W_1,W_2,\cdots,W_n^T$ 来作为本层级元素对于其隶属指标的权重。

（3）一致性检验

引入 CI 度量矩阵偏离程度，即判断矩阵 A 的最大特征根 max 与 n 的差与 n-1 之间的比，见式 2.1。

$$CI=\frac{max-n}{n-1} \tag{2.1}$$

通常判断矩阵的阶数越大，检验难度越高，通过查找平均随机一致性指标 RI，计算一致性比率 CR 作为检验指标。

通过以上分析可知，在指标权重确定过程中，层次分析法充分考虑了参与打分的专家在解决问题上的主观性，在多层次指标权重的确定上有很强的实用性。本次发放指标权重调查表 9 份，收回 9 份，收回率 100%，在此基础上借助 AHP 软件，最终确定各级指标的权重。

第一步，建立层次结构模型。将决策的目标、考虑的因素（决策准则）和决策对象按其之间的相互关系分成最高层、中间层和最低层，绘制层次结构图，如图 2-2 所示。

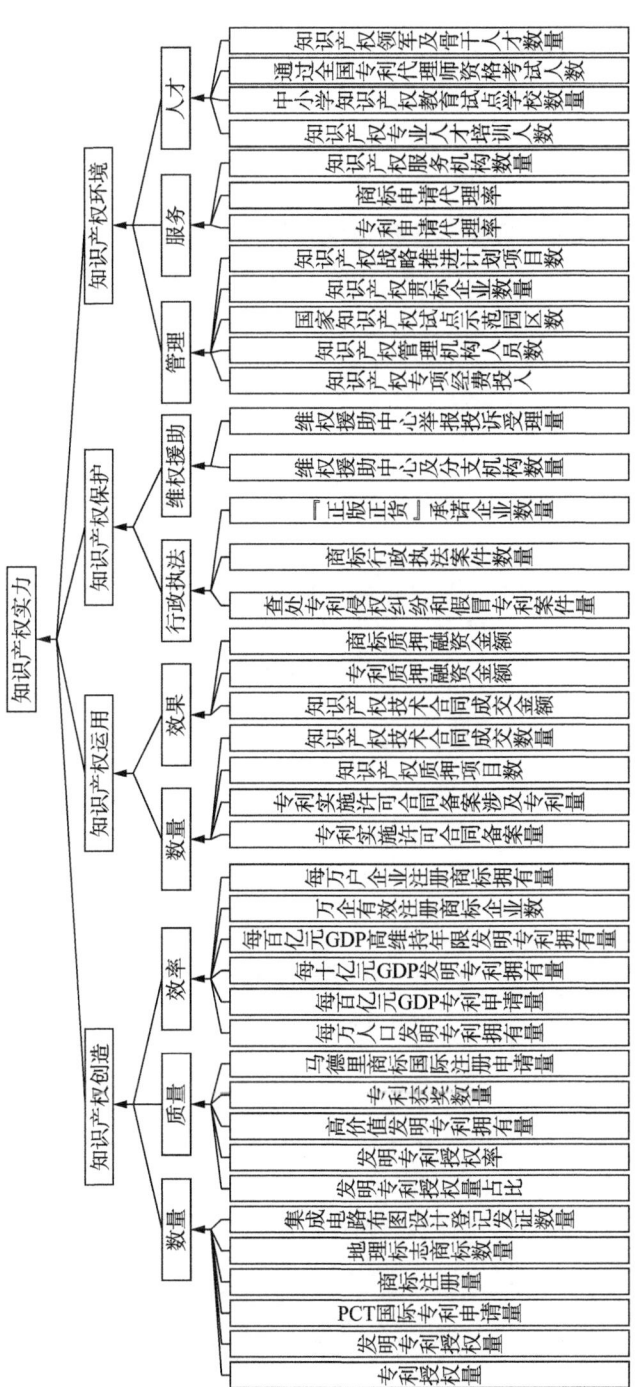

图 2-2 层次结构模型

第二步，构造判断矩阵。

（1）最高层判断矩阵（表 2-2）

表 2-2　最高层判断矩阵

类别	知识产权创造	知识产权运用	知识产权保护	知识产权环境
知识产权创造	1.0	2.0	2.0	2.0
知识产权运用	0.5	1.0	1.0	1.0
知识产权保护	0.5	1.0	1.0	1.0
知识产权环境	0.5	1.0	1.0	1.0

（2）中间层判断矩阵

知识产权创造、运用、保护、环境的中间层判断矩阵见表 2-3 至表 2-6。

表 2-3　中间层-知识产权创造的判断矩阵

知识产权创造	数量	质量	效率
数量	1.00	0.50	0.33
质量	2.00	1.00	0.50
效率	3.00	2.00	1.00

表 2-4　中间层-知识产权运用的判断矩阵

知识产权运用	数量	效果
数量	1.0	2.0
效果	0.5	1.0

表 2-5　中间层-知识产权保护的判断矩阵

知识产权保护	行政执法	维权援助
行政执法	1.00	2.00
维权援助	0.50	1.00

表 2-6 中间层-知识产权环境的判断矩阵

知识产权环境	管理	服务	人才
管理	1.00	1.00	3.00
服务	1.00	1.00	2.00
人才	0.33	0.50	1.00

（3）最低层判断矩阵

知识产权创造数量、创造质量、创造效率、运用数量、运用效果、行政执法、维权援助、环境管理、环境服务、环境人才的最低层判断矩阵见表 2-7 至表 2-16。

表 2-7 最低层-知识产权创造数量的判断矩阵

创造数量	专利授权量	发明专利授权量	PCT 国际专利申请量	商标注册量	地理标志商标数量	集成电路布图设计登记发证数量
专利授权量	1.00	1.00	2.00	3.00	2.00	2.00
发明专利授权量	1.00	1.00	2.00	3.00	2.00	2.00
PCT 国际专利申请量	0.50	0.50	1.00	2.00	1.00	1.00
商标注册量	0.33	0.33	0.50	1.00	0.50	0.50
地理标志商标数量	0.50	0.50	1.00	2.00	1.00	1.00
集成电路布图设计登记发证数量	0.50	0.50	1.00	2.00	1.00	1.00

表 2-8　最低层-知识产权创造质量的判断矩阵

创造质量	发明专利授权量占比	发明专利授权率	高价值发明专利拥有量	专利获奖数量	马德里商标国际注册申请量
发明专利授权量占比	1.00	3.00	2.00	3.00	10.00
发明专利授权率	0.33	1.00	0.50	1.00	3.00
高价值发明专利拥有量	0.50	2.00	1.00	2.00	5.00
专利获奖数量	0.33	1.00	0.50	1.00	3.00
马德里商标国际注册申请量	0.10	0.33	0.20	0.33	1.00

表 2-9　最低层-知识产权创造效率的判断矩阵

创造效率	每万人口发明专利拥有量	每百亿元GDP专利申请量	每十亿元GDP发明专利拥有量	每百亿元GDP高维持年限发明专利拥有量	万企有效注册商标企业数	每万户企业注册商标拥有量
每万人口发明专利拥有量	1.00	1.00	1.00	1.00	1.00	5.00
每百亿元GDP专利申请量	1.00	1.00	1.00	1.00	1.00	4.00
每十亿元GDP发明专利拥有量	1.00	1.00	1.00	1.00	1.00	4.00

创造效率	每万人口发明专利拥有量	每百亿元GDP专利申请量	每十亿元GDP发明专利拥有量	每百亿元GDP高维持年限发明专利拥有量	万企有效注册商标企业数	每万户企业注册商标拥有量
每百亿元GDP高维持年限发明专利拥有量	1.00	1.00	1.00	1.00	1.00	4.00
万企有效注册商标企业数	1.00	1.00	1.00	1.00	1.00	4.00
每万户企业注册商标拥有量	0.20	0.25	0.25	0.25	0.25	1.00

表2-10 最低层-知识产权运用数量的判断矩阵

运用数量	专利实施许可合同备案量	专利实施许可合同备案涉及专利量	知识产权质押项目数	知识产权技术合同成交数量
专利实施许可合同备案量	1	1	1	1
专利实施许可合同备案涉及专利量	1	1	1	1
知识产权质押项目数	1	1	1	1
知识产权技术合同成交数量	1	1	1	1

表 2-11 最低层-知识产权运用效果的判断矩阵

运用效果	知识产权技术合同成交金额	专利质押融资金额	商标质押融资金额
知识产权技术合同成交金额	1.00	0.50	2.00
专利质押融资金额	2.00	1.00	4.00
商标质押融资金额	0.50	0.25	1.00

表 2-12 最低层-知识产权行政执法的判断矩阵

行政执法	查处专利侵权纠纷和假冒专利案件量	商标行政执法案件数量	"正版正货"承诺企业数量
查处专利侵权纠纷和假冒专利案件量	1	1	1
商标行政执法案件数量	1	1	1
"正版正货"承诺企业数量	1	1	1

表 2-13 最低层-知识产权维权援助的判断矩阵

维权援助	维权援助中心及分支机构数量	维权援助中心举报投诉受理量
维权援助中心及分支机构数量	1	1
维权援助中心举报投诉受理量	1	1

表 2-14 最低层-知识产权环境管理的判断矩阵

环境管理	知识产权专项经费投入	知识产权管理机构人员数	国家知识产权试点示范园区数	知识产权贯标企业数量	知识产权战略推进计划项目数
知识产权专项经费投入	1.00	0.25	0.25	0.25	0.11

环境管理	知识产权专项经费投入	知识产权管理机构人员数	国家知识产权试点示范园区数	知识产权贯标企业数量	知识产权战略推进计划项目数
知识产权管理机构人员数	4.00	1.00	1.00	1.00	0.50
国家知识产权试点示范园区数	4.00	1.00	1.00	1.00	0.50
知识产权贯标企业数量	4.00	1.00	1.00	1.00	0.50
知识产权战略推进计划项目数	9.00	2.00	2.00	2.00	1.00

表 2-15 最低层-知识产权环境服务的判断矩阵

环境服务	专利申请代理率	商标申请代理率	知识产权服务机构数量
专利申请代理率	1.00	0.33	2.00
商标申请代理率	3.00	1.00	7.00
知识产权服务机构数量	0.50	0.14	1.00

表 2-16 最低层-知识产权环境人才的判断矩阵

环境人才	知识产权专业人才培训人数	中小学知识产权教育试点学校数量	通过全国专利代理师资格考试人数	知识产权领军及骨干人才数量
知识产权专业人才培训人数	1.00	2.00	4.00	4.00
中小学知识产权教育试点学校数量	0.50	1.00	2.00	2.00

续表

环境人才	知识产权专业人才培训人数	中小学知识产权教育试点学校数量	通过全国专利代理师资格考试人数	知识产权领军及骨干人才数量
通过全国专利代理师资格考试人数	0.25	0.50	1.00	1.00
知识产权领军及骨干人才数量	0.25	0.50	1.00	1.00

第三步，计算权重。计算中、低层所有因素对于最高层（总目标）相对重要性的权值，称为层次总排序。最终，得到江苏省知识产权实力指标体系权重，见表 2-17。

表 2-17　江苏省知识产权实力指标体系

一级指标（权重）	二级指标（权重）	三级指标（权重）		
		序号	单位	指标（权重）
知识产权创造（40%）	数量（6.5%）	1	件	专利授权量（1.5%）
		2	件	发明专利授权量（1.5%）
		3	件	PCT 国际专利申请量（1%）
		4	件	商标注册量（0.5%）
		5	件	地理标志商标数量（1%）
		6	件	集成电路布图设计登记发证数量（1%）
	质量（11%）	7	%	发明专利授权量占比（5%）
		8	%	发明专利授权率（1.5%）
		9	件	高价值发明专利拥有量（2.5%）
		10	项	专利获奖数量（1.5%）
		11	件	马德里商标国际注册申请量（0.5%）

续表

一级指标（权重）	二级指标（权重）	三级指标（权重）		
		序号	单位	指标（权重）
知识产权创造（40%）	效率（22.5%）	12	件	每万人口发明专利拥有量（5%）
		13	件	每百亿元 GDP 专利申请量（3.5%）
		14	件	每十亿元 GDP 发明专利拥有量（4.5%）
		15	件	每百亿元 GDP 高维持年限发明专利拥有量（4%）
		16	家	万企有效注册商标企业数（4.5%）
		17	件	每万户企业注册商标拥有量（1%）
知识产权运用（20%）	数量（12.5%）	18	份	专利实施许可合同备案量（3.5%）
		19	件	专利实施许可合同备案涉及专利量（3.5%）
		20	个	知识产权质押项目数（3%）
		21	项	知识产权技术合同成交数量（2.5%）
	效果（7.5%）	22	亿元	知识产权技术合同成交金额（2%）
		23	亿元	专利质押融资金额（4.5%）
		24	亿元	商标质押融资金额（1%）
知识产权保护（20%）	行政执法（12.5%）	25	件	查处专利侵权纠纷和假冒专利案件量（4.5%）
		26	件	商标行政执法案件数量（4.5%）
		27	家	"正版正货"承诺企业数量（3.5%）
	维权援助（7.5%）	28	个	维权援助中心及分支机构数量（4.5%）
		29	件	维权援助中心举报投诉受理量（3%）
知识产权环境（20%）	管理（11%）	30	万元	知识产权专项经费投入（0.5%）
		31	人	知识产权管理机构人员数（2%）
		32	个	国家知识产权试点示范园区数（2%）
		33	家	知识产权贯标企业数量（2%）
		34	个	知识产权战略推进计划项目数（4.5%）
	服务（5%）	35	%	专利申请代理率（1%）
		36	%	商标申请代理率（3.5%）
		37	个	知识产权服务机构数量（0.5%）

续表

一级指标 （权重）	二级指标 （权重）	三级指标（权重）		
		序号	单位	指标（权重）
知识产权 环境 （20%）	人才 （4%）	38	人	知识产权专业人才培训人数（2%）
		39	所	中小学知识产权教育试点学校数量（1%）
		40	人	通过全国专利代理师资格考试人数（0.5%）
		41	人	知识产权领军及骨干人才数量（0.5%）

本书采用统计综合评价方法对各级指标进行合成。各级指标经标准化后均可称为"指数"，计算方法如下。

（1）将各三级指标按照以下规则标准化，得到三级指标的指数 d_{ij}（式 2.2）

$$d_{ij} = \frac{\min(x_{ij}, \text{med}(x_{ij}))}{\text{med}(x_{ij})} \times 0.6 + \frac{\max(x_{ij}, \text{med}(x_{ij})) - \text{med}(x_{ij})}{\max(x_{ij}) - \text{med}(x_{ij})} \times 0.4$$

$$(2.2)$$

其中：x_{ij} 为第 i 个一级指标下的第 j 个三级指标，$\max(x_{ij})$ 为第 j 个三级指标数据的最大值，$\text{med}(x_{ij})$ 为第 j 个三级指标数据的中位值。

（2）二级指标指数 $z_{i\cdot}$ 由三级指标指数加权综合而成（式 2.3）

$$z_{i\cdot} = \sum_{j=1}^{n_i} w_{ij} d_{ij} \sum_{j=1}^{n_i} w_{ij} \qquad (2.3)$$

其中：w_{ij} 为各三级指标监测值相应的权数，n_i 为第 i 个二级指标下设三级指标的个数。

（3）一级指标指数 $y_{i\cdot}$ 由二级指标指数加权综合而成（式 2.4）

$$y_{i\cdot} = \sum_{i=1}^{n} w_{i\cdot} z_{i\cdot} \Big/ \sum_{i=1}^{n} w_{i\cdot} \qquad (2.4)$$

其中：$w_{i\cdot}$ 为各二级指标指数的权数，n 为二级指标的个数。

（4）知识产权实力指数 Index 由一级指标指数加权综合而成（式2.5）

$$Index = \sum_{i=1}^{n} w_{i.} z_{i.} / 100 \qquad (2.5)$$

其中：$w_{i.}$ 为各一级指标指数的权数，n 为一级指标的个数。

第三章 江苏省知识产权实力综述与分析

一、江苏省知识产权实力综述

2020 年，是非常特殊、极不平凡的一年。经历了疫情防控和复工复产、机构改革后业务重构等考验，江苏省知识产权系统始终坚持党建引领，团结拼搏，开拓进取，在大战大考中交出了合格的答卷，多项工作继续居于全国前列。

（1）面对防疫战"疫"新考验，坚持以保促稳、主动作为，助力全省复工复产

根据疫情防控阶段性变化，找准服务"六稳六保"大局的切入点和落脚点，江苏省知识产权局在省级机关中较早出台知识产权便民利企 10 条惠企政策。全面推进"互联网+政务服务"，实行全部计划项目网上申报和评审，加快建设江苏省知识产权大数据平台，上线新型冠状病毒防控知识产权公共服务平台，为全省抗疫科研生产提供专利信息服务和优先审查绿色通道，江苏省网上办理业务同比增长 59.90%，办理优先审查同比增长 91.40%。发行全国首单知识产权质押创新创业疫情防控债券，办理知识产权质押融资项目

1799 件，数量全国第一，质押融资额 152.72 亿元，知识产权金融惠企力度不断提升。严厉打击疫情期间"火神山""终南山"等非正常商标申请代理行为，作出行政处罚 19 起。建立涉外知识产权信息跟踪预警机制，指导 460 家疫情防控物资生产和出口企业防范知识产权风险。全系统众志成城，以月保季、以季保年，圆满完成全年目标任务，江苏省发明专利申请量、授权量分别同比增长 9.48% 和 15.86%，商标申请量同比增长 22.00%，PCT 国际专利申请量同比增长 44.78%，马德里商标国际注册申请量同比增长 66.83%，有效商标注册量 191.15 万件，较 2020 年年底增长 20.81%，主要产出指标逆势增长，为江苏省复工复产、经济率先实现正增长贡献了知识产权力量。

（2）面对业务重构新挑战，勇于改革创新、担当作为，实现综合管理开新局

江苏省委省政府制定《关于强化知识产权保护的实施意见》及分工方案，将专利质量纳入 2020 年江苏省高质量发展考核指标体系，将知识产权保护绩效纳入营商环境评价指标。江苏省人大将《江苏省知识产权促进和保护条例》列入 2021 年立法计划。江苏省编委批准设立江苏省知识产权保护中心。江苏省知识产权局联合江苏省国资委出台省属企业知识产权高质量发展 22 条措施。为 193 家国家重点实验室和制造业创新中心等重大创新载体提供针对性服务。启动首届专利拍卖季活动，成立江苏省知识产权人才培育战略联盟，16 所高校入选首批国家知识产权试点示范高校，6 家高校入选国家知识产权信息服务中心，数量居全国第一。制定《江苏省专利商标行政执法规程》，牵头召开 12 省市知识产权行政保护协作会议，设立知识产权保护行刑协作办公室，执法协作机制进一步加强。江苏省专利商标行政执法立案 12 152 件，实现正增长。南京出台《南京市高质量专利认定办法（试行）》，无锡依托服务业集聚区打造"一站式"综合服务，徐州、南通国家知

识产权保护中心通过验收，常州、连云港建立知识产权案件技术调查官制度，苏州修改实施《苏州市专利促进条例》，知识产权证券化率先突破，镇江发布专利侵权技术鉴定服务地方标准，扬州、泰州、淮安、盐城开展"苏地优品"地理标志品牌产品直播推介活动，宿迁在苏北地区率先实现"一窗通办"。各地因地制宜，开题破局，知识产权管理融合发展不断深化。

（3）面对高质量发展新要求，强化政治意识、责任担当，坚持党建引领促业务

江苏省知识产权局党组认真贯彻落实江苏省委高质量发展的要求，深入开展"三个表率"模范机关建设和"五抓五促"专项行动，建立完善习近平总书记关于强化知识产权保护新指示新要求的贯彻落实机制，及时办理中央和江苏省委重点工作任务。修订完善《江苏省知识产权专项资金管理办法》等 10 余项局机关内控制度，完善制度、堵塞漏洞。持续开展为基层减负工作，采取"四不两直"方式深入基层开展调研，共收集各地意见建议 81 条。回应基层期盼，调整优化各类评价指标，指导基层解决实际问题，不断巩固良好工作作风。江苏省知识产权保护中心坚持党建与业务工作深度融合、同频共振。新型冠状病毒肺炎疫情期间，保护中心党总支开展"我是党员我先上"行动，组织党员轮流到江苏省政务服务中心对外窗口提供服务；建成新型冠状病毒防控知识产权公共服务平台，在江苏省企业复工复产首日上线；完成江苏省呼吸机产品出口海外专利风险分析报告，推送至江苏省医疗器械行业协会及相关企业；举办"IP 江苏漫谈：战'疫'进行时"在线论坛，为江苏省疫情防控和复工复产贡献了知识产权力量。2020 年，江苏省知识产权保护中心共计提供知识产权咨询 3135 次，服务企业 1970 家，出具知识产权侵权判定咨询和技术鉴定意见书 916 份，开展知识产权培训交流活动 22 次，开展 11 490 项成果的知识产权分析评议，完成

知识产权战略研究报告近百份，服务先进制造业创新发展，助力经济社会高质量发展。

二、江苏省重点产业专利实力分析

江苏省 2020 年先进制造业发明专利申请量和发明专利授权量分别为 64 253 件和 16 236 件，均居全国第 3 位。2020 年，江苏省先进制造业集群发明专利申请主要集中在核心信息技术、新型电力（新能源）装备、汽车零部件（含新能源汽车）产业，占先进制造业集群专利总量的比例分别达到 23.14%、12.53%、11.10%，上述三个产业发明专利申请量合计达到 30 051 件，占先进制造业集群发明专利申请量的 46.77%。先进制造业集群发明专利授权主要集中在核心信息技术、新型电力（新能源）装备、生物医药和新型医疗器械产业，三个产业发明专利授权量达到 7160 件，占先进制造业集群发明专利授权总量的 44.10%。对比 2019 年，江苏省先进制造业集群发明专利申请量增幅最快的集群分别是物联网、核心信息技术和高端纺织，年度增幅分别达到 20.85%、17.41% 和 3.90%；江苏省先进制造业集群发明专利授权量增幅最快的集群分别是物联网、海工装备和高技术船舶、核心信息技术，年度增幅分别达到 46.39%、43.52%、30.62%。从江苏省占据优势的核心信息产业专利实力来看，专利申请主要集中在南京市、苏州市、无锡市，分别占 46.41%、31.48%、5.29%；专利授权主要集中在南京市、苏州市、无锡市，分别占 53.28%、27.21%，5.24%。从申请主体看，江苏省专利申请量排名前十的专利申请人大部分为高校（6 所），有 4 家企业，江苏省专利申请量排名第一的东南大学为 419 件，专利申请量最多的企业为苏州浪潮智能科技有限公司。从先进制造业的前沿新材料产业专利实力来看，江苏省 2020 年专利申请量 27 853 件，其中石墨烯、碳纤维、纳米材料分别为 11 682 件、12 206 件、7904 件 。从区域布局看，主要集中在苏州市、南京市、无锡市，分别占 24.27%、18.35%、15.40%，合计占比 58.02%。从申请主体看，排名前十的专利申请人均为高校科研院所。从石墨烯产业研究技术领域看，江苏省、广东省和北京市的研发重点及专利申请均依次分布在应用、制备方法、装置等技术领域；在碳纤维领域，江苏省分布在碳纤维设备、应用等领域，广东省在产品工艺、设备等领域，北京市在产品工艺、应用等领域；在纳米材料领域，江苏省、北京市和上海市均依次分布在制备、检测与表征、应用等领域。

从先进制造业集群专利设区市区域分布来看，苏南先进制造业集群发明专利申请公开量 49 962 件，同比增长 0.74%，占江苏省先进制造业集群发明专利申请公开量的 77.76%；苏中先进制造业集群发明专利申请公开量 6723 件，同比下降 3.31%，占江苏省先进制造业集群发明专利申请公开量的 10.46%；苏北先进制造业集群发明专利申请公开量 7568 件，同比下降 11.75%，占江苏省先进制造业集群发明专利申请公开量的 11.78%。先进制造业集群发明专利申请公开量前 3 位依次是南京市、苏州市、无锡市。苏南先进制造业集群发明专利授权量 12 776 件，同比增长 16.55%，占江苏省先进制造业集群发明专利授权量的 78.69%；苏中先进制造业集群发明专利授权量 1511 件，同比增长 13.27%，占江苏省先进制造业集群发明专利授权量的 9.31%；苏北先进制造业集群发明专利授权量 1950 件，同比增长 20.97%，占江苏省先进制造业集群发明专利授权量的 12.01%。先进制造业集群发明专利授权量前 3 位依次是南京市、苏州市、无锡市。

三、江苏省知识产权实力分析

本书从知识产权创造、运用、保护和环境 4 个方面对 2020 年江苏省知识产权实力进行排名与分析，得出各市知识产权实力状况呈现"苏南高、苏北低"的特征，全省知识产权实力指数居前三位的依次是南京市、苏州市和常州市，均为苏南城市，居后三位的依次是淮安市、连云港市和宿迁市，均为苏北城市。各地区知识产权实力不均衡，排名第 1 位的南京市与排名第 13 位的宿迁市，知识产权实力指数相差 0.5992（表 3-1）。

表 3-1　2020 年江苏地区知识产权实力指数

地区	知识产权实力	
	指数	排名
南京市	0.8807	1
苏州市	0.7893	2
常州市	0.6915	3
无锡市	0.6833	4
南通市	0.6623	5
镇江市	0.5478	6
徐州市	0.5279	7
泰州市	0.4946	8
扬州市	0.4925	9
盐城市	0.4868	10
淮安市	0.3644	11
连云港市	0.3637	12
宿迁市	0.2815	13

知识产权实力指数排名第 1 位的南京市知识产权实力指数是宿迁市的约 3.13 倍，主要表现在南京市的知识产权创造-质量、知识产权运用-效果、

知识产权保护–维权援助、知识产权环境–服务等指标指数明显高于宿迁市（表3-2）。

表 3-2 2020 年南京市、宿迁市知识产权实力指数比较

指标	指标指数		指标指数绝对差异（南京市–宿迁市）	指标指数相对差异（南京市/宿迁市）
	南京市	宿迁市		
知识产权实力	0.8807	0.2815	0.5992	3.13
知识产权创造–质量	0.9906	0.1623	0.8283	6.10
知识产权运用–效果	0.8781	0.1062	0.7719	8.27
知识产权保护–维权援助	0.8504	0.2700	0.5804	3.15
知识产权环境–服务	0.9352	0.3746	0.5606	2.50

运用统计上四分位数❶的概念，根据 2020 年知识产权实力指数的大小将 13 个设区市划分为 4 个类别（图3-1）。

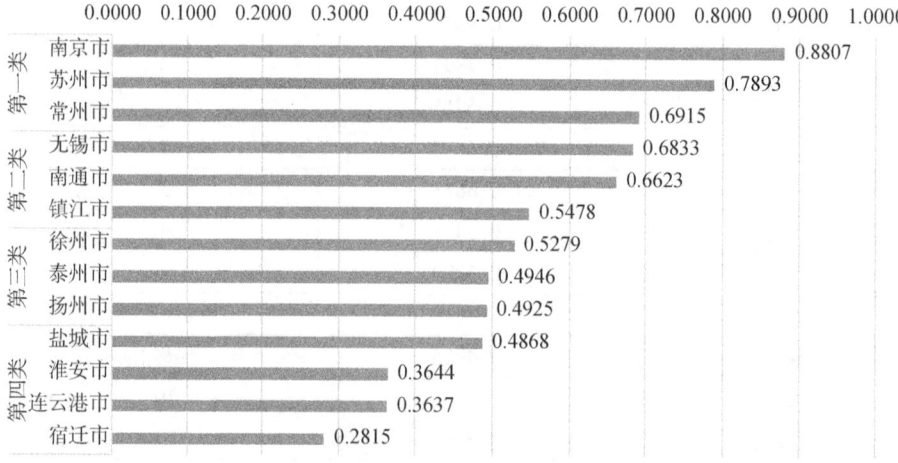

图 3-1 2020 年江苏知识产权实力指数地区分类图

---

❶ 四分位数，是指在统计学中把所有数值由小到大排列并分成四等份，处于三个分割点位置的数值。

第一类：南京市、苏州市、常州市。

第二类：无锡市、南通市、镇江市。

第三类：徐州市、泰州市、扬州市。

第四类：盐城市、淮安市、连云港市、宿迁市。

第四章　地区知识产权实力分析

一、地区知识产权实力一级指标分析

（一）地区知识产权实力一级指标设计

知识产权实力指标体系下设 4 个一级指标：知识产权创造、知识产权运用、知识产权保护和知识产权环境（图4-1）。

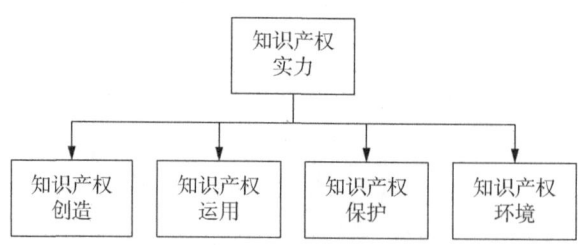

图4-1　知识产权实力指标设计

（二）地区知识产权实力一级指标分析

总体来看，知识产权创造、知识产权运用、知识产权保护和知识产权环境 4 项一级指标均呈现苏南高、苏北低的特征。从 4 项一级指标江苏省前三位的分布来看，知识产权创造和知识产权运用 2 项指标前三位均依次是南京市、苏州市、无锡市，均为苏南城市；知识产权保护指标前三位依次是南通市、南京市、常州市；知识产权环境指标前三位依次是南京市、苏州市、常州市，均为苏南城市。13 个设区市中，南京市知识产权创造、运用和环境 3 项指标均位居江苏省首位，知识产权保护指标位居江苏省第 2 位。

从各地区 4 项一级指标发展的均衡性来看，南京市、常州市、宿迁市、无锡市、苏州市、连云港市、扬州市 7 个设区市 4 项一级指标发展较为均衡，4 项一级指标全省位次的差异不超过 2（表 4-1）。

表 4-1　2020 年江苏地区知识产权实力及其一级指标

地区	知识产权实力		知识产权创造		知识产权运用		知识产权保护		知识产权环境	
	指数	排名	指数	排名	指数	排名	指数	排名	指数	排名
南京市	0.8807	1	0.8919	1	0.9543	1	0.7933	2	0.8722	1
无锡市	0.6833	4	0.7160	3	0.6401	3	0.6606	5	0.6837	4
徐州市	0.5279	7	0.5653	7	0.5701	5	0.3757	10	0.5631	8
常州市	0.6915	3	0.7050	4	0.5837	4	0.7501	3	0.7135	3
苏州市	0.7893	2	0.8507	2	0.7210	2	0.6676	4	0.8564	2
南通市	0.6623	5	0.6566	5	0.5377	6	0.8359	1	0.6245	5
连云港市	0.3637	12	0.4319	11	0.1975	13	0.2590	13	0.4983	11
淮安市	0.3644	11	0.3157	12	0.4153	8	0.3399	11	0.4354	12
盐城市	0.4868	10	0.4571	10	0.3647	9	0.6406	6	0.5146	10
扬州市	0.4925	9	0.4653	9	0.4840	7	0.4912	9	0.5564	9
镇江市	0.5478	6	0.6295	6	0.3579	10	0.5235	8	0.5986	6
泰州市	0.4946	8	0.5125	8	0.2674	11	0.6139	7	0.5670	7
宿迁市	0.2815	13	0.2593	13	0.2228	12	0.2660	12	0.4003	13

二、地区知识产权实力二级指标分析

（一）知识产权创造二级指标分析

1. 指标设计

知识产权创造指标下设 3 个二级指标：知识产权创造-数量、知识产权创造-质量和知识产权创造-效率（图 4-2）。

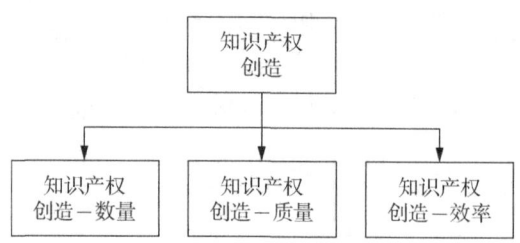

图 4-2　知识产权创造二级指标设计

2. 地区知识产权创造实力分析

总体来看，知识产权创造-数量、知识产权创造-质量和知识产权创造-效率 3 项二级指标均呈现苏南高、苏北低的特征。从 3 项二级指标江苏省前三位的分布来看，3 项指标前三位均分布在苏南地区，前两位均分布在苏州市和南京市，知识产权创造-数量指标前三位依次是苏州市、南京市、无锡市，知识产权创造-质量指标前三位依次是南京市、苏州市、镇江市，知识产权创造-效率指标前三位依次是苏州市、南京市、常州市。13 个设区市中，苏州市和南京市 3 项二级指标均进入江苏省前两位。

从各地区 3 项二级指标发展的均衡性来看，南京市、无锡市、苏州市、

宿迁市、南通市、淮安市、扬州市、徐州市、盐城市、泰州市 10 个设区市 3
项二级指标发展较为均衡，3 项二级指标全省位次的差异不超过 3（表 4-2）。

表 4-2 2020 年江苏知识产权创造及其二级指标

地区	知识产权创造		知识产权创造-数量		知识产权创造-质量		知识产权创造-效率	
	指数	排名	指数	排名	指数	排名	指数	排名
南京市	0.8919	1	0.8342	2	0.9906	1	0.8602	2
无锡市	0.7160	3	0.6977	3	0.6779	4	0.7399	4
徐州市	0.5653	7	0.5956	6	0.6753	5	0.5027	8
常州市	0.7050	4	0.6092	5	0.6246	7	0.7720	3
苏州市	0.8507	2	0.8765	1	0.7365	2	0.8991	1
南通市	0.6566	5	0.6242	4	0.6565	6	0.6660	5
连云港市	0.4319	11	0.3413	12	0.5045	8	0.4226	11
淮安市	0.3157	12	0.3424	11	0.3477	12	0.2924	13
盐城市	0.4571	10	0.4604	7	0.4880	10	0.4410	10
扬州市	0.4653	9	0.4320	9	0.4138	11	0.5002	9
镇江市	0.6295	6	0.4483	8	0.6971	3	0.6488	6
泰州市	0.5125	8	0.4012	10	0.4881	9	0.5566	7
宿迁市	0.2593	13	0.1999	13	0.1623	13	0.3240	12

（二）知识产权运用二级指标分析

1. 指标设计

知识产权运用指标下设 2 个二级指标：知识产权运用-数量、知识产权
运用-效果（图 4-3）。

2. 地区知识产权运用实力分析

总体来看，知识产权运用-数量、知识产权运用-效果 2 项二级指标均

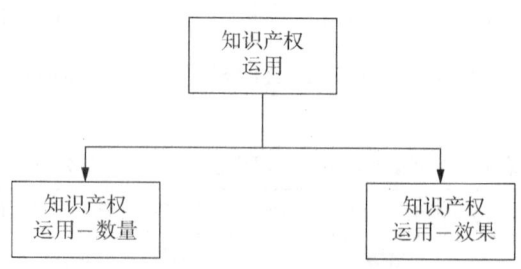

图 4-3　知识产权运用二级指标设计

呈现苏南高、苏北低的特征。从 2 项二级指标江苏省前三位的分布来看，知识产权运用-数量指标前三位依次是南京市、苏州市、徐州市，知识产权运用-效果指标前三位依次是南京市、无锡市、苏州市，均为苏南城市。13 个设区市中，南京市知识产权运用-数量、知识产权运用-效果 2 项二级指标均位居江苏省首位，苏州市 2 项二级指标分列江苏省第 2、第 3 位。

从各地区 2 项二级指标发展的均衡性来看，南京市、常州市、苏州市、宿迁市、连云港市、泰州市 6 个设区市知识产权运用-数量和知识产权运用-效果 2 项二级指标发展较为均衡，2 项二级指标全省位次的差异不超过 3（表 4-3）。

表 4-3　2020 年江苏知识产权运用及其二级指标

地区	知识产权运用		知识产权运用-数量		知识产权运用-效果	
	指数	排名	指数	排名	指数	排名
南京市	0.9543	1	1.0000	1	0.8781	1
无锡市	0.6401	3	0.5014	8	0.8714	2
徐州市	0.5701	5	0.6306	3	0.4692	7
常州市	0.5837	4	0.5637	5	0.6170	5
苏州市	0.7210	2	0.6474	2	0.8438	3
南通市	0.5377	6	0.4594	9	0.6683	4
连云港市	0.1975	13	0.2108	13	0.1754	11

续表

地区	知识产权运用		知识产权运用-数量		知识产权运用-效果	
	指数	排名	指数	排名	指数	排名
淮安市	0.4153	8	0.5443	6	0.2003	10
盐城市	0.3647	9	0.2950	10	0.4808	6
扬州市	0.4840	7	0.6140	4	0.2674	8
镇江市	0.3579	10	0.5381	7	0.0577	13
泰州市	0.2674	11	0.2847	12	0.2384	9
宿迁市	0.2228	12	0.2928	11	0.1062	12

(三) 知识产权保护二级指标分析

1. 指标设计

知识产权保护指标下设 2 个二级指标：知识产权保护-行政执法和知识产权保护-维权援助（图4-4）。

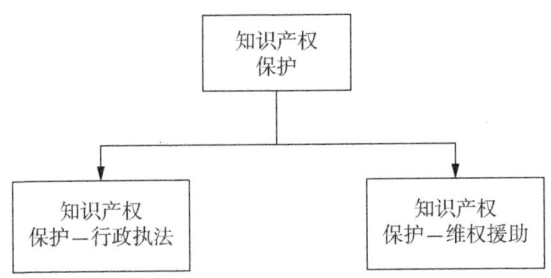

图4-4　知识产权保护二级指标设计

2. 地区知识产权保护实力分析

总体来看，知识产权保护-行政执法、知识产权保护-维权援助 2 项二级指标均呈现苏南高、苏北低的特征。从 2 项二级指标江苏省前三位的分布来看，知识产权保护-行政执法指标前三位依次是南通市、无锡市、南京市，知识产权保护-维权援助指标前三位依次是南京市、常州市、盐城市。13 个设区市中，南京市知识产权保护-行政执法、知识产权保护-维权援助 2 项二级指标分别位居江苏省第 3 和第 1 位。

从各地区 2 项二级指标发展的均衡性来看，苏州市、连云港市、扬州市、泰州市、淮安市、镇江市、南京市、徐州市、常州市、宿迁市、南通市 11 个设区市的知识产权保护-行政执法、知识产权保护-维权援助 2 项二级指标发展较为均衡，2 项指标全省位次的差异不超过 3（表 4-4）。

表 4-4　2020 年江苏知识产权保护及其二级指标

地区	知识产权保护		知识产权保护-行政执法		知识产权保护-维权援助	
	指数	排名	指数	排名	指数	排名
南京市	0.7933	2	0.7591	3	0.8504	1
无锡市	0.6606	5	0.7805	2	0.4606	7
徐州市	0.3757	10	0.5471	10	0.0900	12
常州市	0.7501	3	0.6961	4	0.8400	2
苏州市	0.6676	4	0.6839	5	0.6404	5
南通市	0.8359	1	0.9190	1	0.6975	4
连云港市	0.2590	13	0.3604	12	0.0900	12
淮安市	0.3399	11	0.3638	11	0.3000	10
盐城市	0.6406	6	0.5690	9	0.7600	3
扬州市	0.4912	9	0.5700	8	0.3600	8
镇江市	0.5235	8	0.6215	7	0.3600	8
泰州市	0.6139	7	0.6382	6	0.5734	6
宿迁市	0.2660	12	0.2636	13	0.2700	11

（四）知识产权环境二级指标分析

1. 指标设计

知识产权环境指标下设 3 个二级指标：知识产权环境-管理、知识产权环境-服务和知识产权环境-人才（图 4-5）。

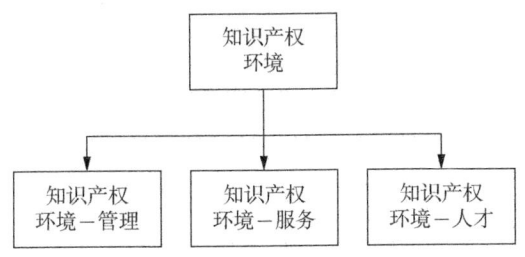

图 4-5 知识产权环境二级指标设计

2. 地区知识产权环境实力分析

总体来看，知识产权环境-管理、知识产权环境-服务和知识产权环境-人才 3 项二级指标均呈现苏南高、苏北低的特征。从 3 项二级指标江苏省前三位的分布来看，知识产权环境-管理指标前三位依次是苏州市、南京市、常州市，均为苏南城市；知识产权环境-服务指标前三位依次是南京市、常州市、连云港市；知识产权环境-人才指标前三位依次是苏州市、南京市、无锡市，均为苏南城市。13 个设区市中，南京市知识产权环境-服务指标位居江苏省首位，知识产权环境-管理、知识产权环境-人才 2 项指标均位居江苏省第 2 位。

从各地区 3 项二级指标发展的均衡性来看，南京市、宿迁市、淮安市 3 个设区市的知识产权环境-管理、知识产权环境-服务、知识产权环境-人才 3 项二级指标发展较为均衡，3 项二级指标全省位次的差异不超过 3（表 4-5）。

表4-5　2020年江苏知识产权环境及其二级指标

地区	知识产权环境		知识产权环境-管理		知识产权环境-服务		知识产权环境-人才	
	指数	排名	指数	排名	指数	排名	指数	排名
南京市	0.8722	1	0.8397	2	0.9352	1	0.8830	2
无锡市	0.6837	4	0.6542	4	0.6683	7	0.7839	3
徐州市	0.5631	8	0.5768	7	0.5145	12	0.5860	9
常州市	0.7135	3	0.6615	3	0.9292	2	0.5867	8
苏州市	0.8564	2	0.9226	1	0.6060	8	0.9873	1
南通市	0.6245	5	0.6447	5	0.5246	11	0.6942	4
连云港市	0.4983	11	0.3346	13	0.7825	3	0.5934	6
淮安市	0.4354	12	0.3863	11	0.5445	9	0.4341	12
盐城市	0.5146	10	0.4741	9	0.6893	6	0.4078	13
扬州市	0.5564	9	0.4377	10	0.7376	5	0.6565	5
镇江市	0.5986	6	0.5300	8	0.7566	4	0.5898	7
泰州市	0.5670	7	0.6085	6	0.5252	10	0.5052	10
宿迁市	0.4003	13	0.3764	12	0.3746	13	0.4979	11

三、地区知识产权实力三级指标分析

（一）知识产权创造三级指标分析

1. 知识产权创造-数量指标

（1）指标设计

知识产权创造-数量指标下设6个三级指标：专利授权量、发明专利授权量、PCT国际专利申请量、商标注册量、地理标志商标数量、集成电路布图设计登记发证数量（图4-6）。

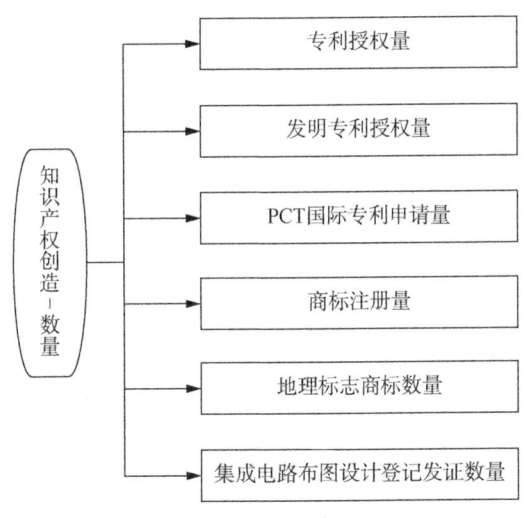

图 4-6　知识产权创造-数量三级指标设计

（2）知识产权创造-数量指标分析

总体来看，专利授权量、发明专利授权量和 PCT 国际专利申请量 3 项三级指标均呈现苏南高、苏北低的特征，商标注册量、集成电路布图设计登记发证数量 2 项三级指标均呈现苏南高、苏中低的特征。从 6 项三级指标江苏省前三位的分布来看，专利授权量、发明专利授权量、商标注册量、集成电路布图设计登记发证数量 4 项指标的前三位均分布在南京市、苏州市和无锡市，均为苏南城市；PCT 国际专利申请量指标前三位依次是苏州市、南京市和常州市，均为苏南城市；地理标志商标数量指标前三位依次是淮安市、盐城市和南通市。13 个设区市中，南京市和苏州市专利授权量、发明专利授权量、PCT 国际专利申请量、商标注册量、集成电路布图设计登记发证数量 5 项三级指标均进入江苏省前三位。

从各地区 6 项三级指标发展的均衡性来看，南通市 6 项三级指标全省位次的差异为 3，指标间发展较为均衡。除南通市外，其他 12 个设区市 6 项三级指标全省位次的差异均超过 3，指标间发展较为不均衡（表 4-6）。

表 4-6　2020 年江苏知识产权创造一数量及其三级指标

地区	知识产权创造一数量		专利授权量		发明专利授权量		PCT 国际专利申请量		商标注册量		地理标志商标数量		集成电路布图设计登记发证数量	
	指数	排名	指数	排名	指数	排名	指数	排名	指数	排名	指数	排名	指数	排名
南京市	0.8342	2	0.7756	2	1.0000	1	0.9162	2	0.8853	2	0.4000	12	1.0000	1
无锡市	0.6977	3	0.7196	3	0.6664	3	0.6300	4	0.6693	3	0.6000	6	0.8917	2
徐州市	0.5956	6	0.6000	7	0.6295	4	0.6070	6	0.6516	4	0.4800	8	0.6146	6
常州市	0.6092	5	0.6501	4	0.6187	5	0.6345	3	0.6022	6	0.4800	8	0.6413	5
苏州市	0.8765	1	1.0000	1	0.8420	2	1.0000	1	1.0000	1	0.6107	5	0.8233	3
南通市	0.6242	4	0.6118	5	0.6054	6	0.6275	5	0.6134	5	0.6500	3	0.6476	4
连云港市	0.3413	12	0.1767	13	0.1496	12	0.3888	10	0.6000	7	0.4400	10	0.6000	7
淮安市	0.3424	11	0.2580	12	0.1851	11	0.2143	12	0.2711	12	1.0000	1	0.2113	9
盐城市	0.4604	7	0.4721	8	0.4292	8	0.4561	9	0.4243	9	0.7357	2	0.2366	8
扬州市	0.4320	9	0.6040	6	0.3945	9	0.3214	11	0.3510	10	0.6357	4	0.1775	11
镇江市	0.4483	8	0.4344	10	0.6000	7	0.6000	7	0.2393	13	0.4400	10	0.2028	10
泰州市	0.4012	10	0.4443	9	0.3741	10	0.5510	8	0.3395	11	0.6000	6	0.0592	12
宿迁市	0.1999	13	0.3061	11	0.0696	13	0.1347	13	0.5284	8	0.3200	13	0.0169	13

2. 知识产权创造-质量指标

（1）指标设计

知识产权创造-质量指标下设 5 个三级指标：发明专利授权量占比、发明专利授权率、高价值发明专利拥有量、专利获奖数量、马德里商标国际注册申请量（图 4-7）。

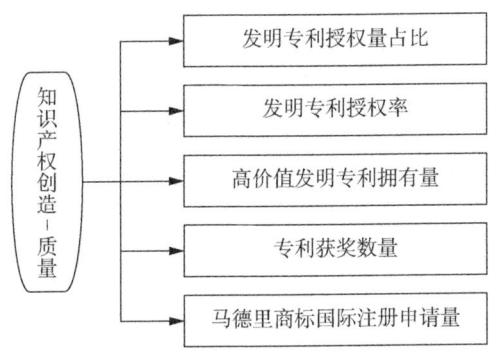

图 4-7　知识产权创造-质量三级指标设计

（2）知识产权创造-质量指标分析

总体来看，发明专利授权率、专利获奖数量、高价值发明专利拥有量、马德里商标国际注册申请量 4 项三级指标均呈现苏南高、苏北低的特征。从 5 项三级指标江苏省前三位的分布来看，发明专利授权量占比指标前三位依次是南京市、徐州市、镇江市；发明专利授权率指标前三位依次是南京市、镇江市、连云港市；高价值发明专利拥有量指标前三位依次是南京市、苏州市、无锡市，均为苏南城市；专利获奖数量指标前三位依次是苏州市、南京市、常州市，均为苏南城市；马德里商标国际注册申请量指标前三位依次是南京市、苏州市、扬州市。13 个设区市中，南京市发明专利授权量占比、发明专利授权率、高价值发明专利拥有量、马德里商标国际注册申请量 4 项指标均位居江苏省首位,专利获奖数量指标位居江苏省第 2 位。

从各地区 5 项三级指标发展的均衡性来看,南京市、南通市、宿迁市、无锡市、淮安市 5 个设区市 5 项三级指标全省位次的差异不超过 3 个,指标间发展较为均衡(表 4-7)。

3. 知识产权创造-效率指标

(1)指标设计

知识产权创造-效率指标下设 6 个三级指标:每万人口发明专利拥有量、每百亿元 GDP 专利申请量、每十亿元 GDP 发明专利拥有量、每百亿元 GDP 高维持年限发明专利拥有量、万企有效注册商标企业数、每万户企业注册商标拥有量(图 4-8)。

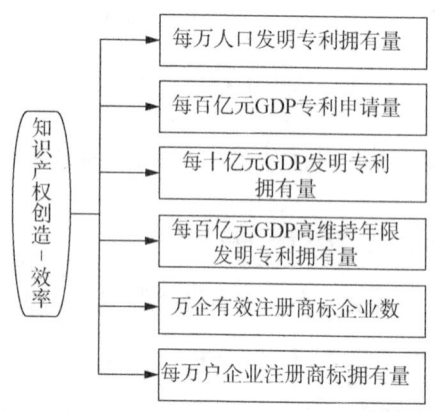

图 4-8 知识产权创造-效率三级指标设计

(2)知识产权创造-效率指标分析

总体来看,每万人口发明专利拥有量、每百亿元 GDP 专利申请量、每十亿元 GDP 发明专利拥有量、每百亿元 GDP 高维持年限发明专利拥有量、每万户企业注册商标拥有量 5 项三级指标均呈现苏南高、苏北低的特征。从

表4-7　2020年江苏知识产权创造-质量及其三级指标

地区	知识产权创造-质量		发明专利授权量占比		发明专利授权率		高价值发明专利拥有量		专利获奖数量		马德里商标国际注册申请量	
	指数	排名	指数	排名	指数	排名	指数	排名	指数	排名	指数	排名
南京市	0.9906	1	1.0000	1	1.0000	1	1.0000	1	0.9314	2	1.0000	1
无锡市	0.6779	4	0.6016	6	0.8400	4	0.7343	3	0.6914	4	0.6328	5
徐州市	0.6753	5	0.7467	2	0.6000	7	0.6000	7	0.6457	6	0.6514	4
常州市	0.6246	7	0.5812	10	0.6359	6	0.6422	5	0.7371	3	0.6000	7
苏州市	0.7365	2	0.6000	7	0.5794	8	0.9256	2	1.0000	1	0.8359	2
南通市	0.6565	6	0.6262	4	0.7518	5	0.6556	4	0.6800	5	0.6071	6
连云港市	0.5045	3	0.5896	8	0.8834	3	0.2717	11	0.3333	8	0.1950	13
淮安市	0.3477	12	0.4994	11	0.4819	11	0.1759	12	0.0000	13	0.3300	10
盐城市	0.4880	10	0.6127	5	0.5456	9	0.4325	10	0.2000	10	0.2100	12
扬州市	0.4138	11	0.4398	12	0.5236	10	0.4367	9	0.0667	12	0.7517	3
镇江市	0.6971	3	0.7389	3	0.9035	2	0.6034	6	0.6000	7	0.4200	9
泰州市	0.4881	9	0.5863	9	0.4586	12	0.4411	8	0.2667	9	0.4950	8
宿迁市	0.1623	13	0.1584	13	0.3063	13	0.0823	13	0.1333	11	0.2550	11

6 项三级指标江苏省前三位的分布来看，每万人口发明专利拥有量指标前三位依次是南京市、苏州市、无锡市，均为苏南城市；每百亿元 GDP 专利申请量指标前三位依次是苏州市、南京市、常州市，均为苏南城市；每十亿元 GDP 发明专利拥有量指标前三位依次是南京市、苏州市、镇江市，均为苏南城市；每百亿元 GDP 高维持年限发明专利拥有量指标前三位依次是苏州市、南京市、南通市；万企有效注册商标企业数、每万户企业注册商标拥有量 2 项指标前三位均分布在苏州市、常州市、无锡市，均为苏南城市。13 个设区市中，苏州市 6 项三级指标均进入江苏省前两位。

从各地区 6 项三级指标发展的均衡性来看，苏州市、无锡市和盐城市 3 个设区市 6 项三级指标全省位次的差异不超过 3，指标间发展较为均衡（表 4-8）。

（二）知识产权运用三级指标分析

1. 知识产权运用-数量指标

（1）指标设计

知识产权运用-数量指标下设 4 个三级指标：专利实施许可合同备案量、专利实施许可合同备案涉及专利量、知识产权质押项目数、知识产权技术合同成交数量（图 4-9）。

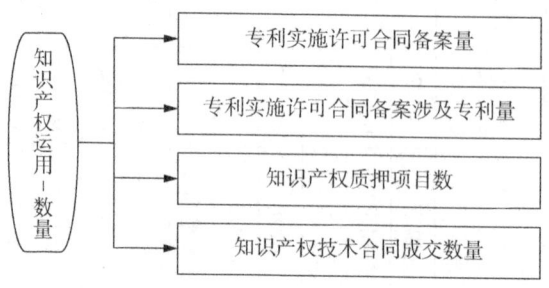

图 4-9　知识产权运用-数量三级指标设计

表4-8　2020年江苏知识产权创造-效率及其三级指标

地区	知识产权创造-效率		每万人口发明专利拥有量		每百亿元GDP专利申请量		每十亿元GDP发明专利拥有量		每百亿元GDP高维持年限发明专利拥有量		万企有效注册商标企业数		每万户企业注册商标拥有量	
	指数	排名	指数	排名	指数	排名	指数	排名	指数	排名	指数	排名	指数	排名
南京市	0.8602	2	1.0000	1	0.7599	2	1.0000	1	0.9998	2	0.5536	9	0.7047	4
无锡市	0.7399	4	0.7817	3	0.6684	4	0.6478	5	0.8448	4	0.7431	3	0.7618	3
徐州市	0.5027	8	0.5486	8	0.4543	10	0.6000	7	0.2827	11	0.5785	8	0.5445	10
常州市	0.7720	3	0.7266	5	0.6985	3	0.6226	6	0.7625	5	1.0000	1	0.9415	2
苏州市	0.8991	1	0.9092	2	1.0000	1	0.8210	2	1.0000	1	0.7755	2	1.0000	1
南通市	0.6660	5	0.7017	6	0.4345	11	0.6587	4	0.8449	3	0.6678	4	0.6056	6
连云港市	0.4226	11	0.2464	11	0.3519	13	0.3077	11	0.5075	8	0.6627	5	0.6477	5
淮安市	0.2924	13	0.1967	12	0.3760	12	0.2187	12	0.1991	12	0.4280	13	0.5735	9
盐城市	0.4410	10	0.4079	10	0.5483	9	0.4480	9	0.3630	9	0.4356	12	0.5362	11
扬州市	0.5002	9	0.5265	9	0.6101	6	0.3591	10	0.3524	10	0.6383	6	0.5881	8
镇江市	0.6488	6	0.7332	4	0.6283	5	0.7378	3	0.6269	6	0.5320	11	0.5113	12
泰州市	0.5566	7	0.6000	7	0.5842	8	0.4748	8	0.6000	7	0.5477	10	0.4765	13
宿迁市	0.3240	12	0.1266	13	0.6000	7	0.1736	13	0.1188	13	0.6000	7	0.6000	7

（2）知识产权运用-数量指标分析

总体来看，专利实施许可合同备案涉及专利量指标呈现苏南高、苏中低的特征，知识产权技术合同成交数量指标呈现苏南高、苏北低的特征。从 4 项三级指标江苏省前三位的分布来看，专利实施许可合同备案量指标前三位依次是南京市、扬州市、徐州市；专利实施许可合同备案涉及专利量指标前三位依次是南京市、镇江市、苏州市，均为苏南城市；知识产权质押项目数指标前三位依次是南京市、无锡市、徐州市；知识产权技术合同成交数量指标前三位依次是南京市、苏州市、南通市。13 个设区市中，南京市 4 项三级指标均位居江苏省首位。

从各地区 4 项三级指标发展的均衡性来看，南京市、常州市、泰州市 3 个设区市 4 项三级指标全省位次的差异不超过 3，指标间发展较为均衡（表 4-9）。

表 4-9　2020 年江苏知识产权运用-数量及其三级指标

地区	知识产权运用-数量		专利实施许可合同备案量		专利实施许可合同备案涉及专利量		知识产权质押项目数		知识产权技术合同成交数量	
	指数	排名	指数	排名	指数	排名	指数	排名	指数	排名
南京市	1.0000	1	1.0000	1	1.0000	1	1.0000	1	1.0000	1
无锡市	0.5014	8	0.6000	7	0.1610	10	0.6909	2	0.6123	4
徐州市	0.6306	3	0.6397	3	0.6312	4	0.6448	3	0.6000	7
常州市	0.5637	5	0.4667	9	0.6010	6	0.6000	7	0.6038	6
苏州市	0.6474	2	0.6251	6	0.6431	3	0.6328	4	0.7023	2
南通市	0.4594	9	0.5333	8	0.1317	11	0.6231	5	0.6182	3
连云港市	0.2108	13	0.0667	13	0.2488	8	0.4213	11	0.1069	13
淮安市	0.5443	6	0.6285	4	0.6000	7	0.6028	6	0.2785	11
盐城市	0.2950	10	0.2000	12	0.0439	13	0.5489	8	0.4750	8

续表

地区	知识产权运用-数量		专利实施许可合同备案量		专利实施许可合同备案涉及专利量		知识产权质押项目数		知识产权技术合同成交数量	
	指数	排名	指数	排名	指数	排名	指数	排名	指数	排名
扬州市	0.6140	4	0.7477	2	0.6074	5	0.4723	9	0.6060	5
镇江市	0.5381	7	0.6285	4	0.6472	2	0.4596	10	0.3528	9
泰州市	0.2847	12	0.4667	9	0.1024	12	0.3957	12	0.1521	12
宿迁市	0.2928	11	0.4667	9	0.2488	8	0.1149	13	0.3243	10

2. 知识产权运用-效果指标

（1）指标设计

知识产权运用-效果指标下设 3 个三级指标：知识产权技术合同成交金额、专利质押融资金额、商标质押融资金额（图 4-10）。

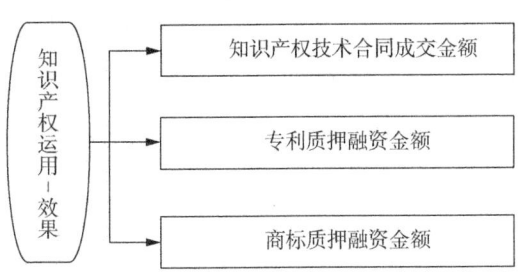

图 4-10　知识产权运用-效果三级指标设计

（2）知识产权运用-效果指标分析

总体来看，知识产权技术合同成交金额、商标质押融资金额 2 项指标均呈现苏南高、苏北低的特征。从 3 项三级指标江苏省前三位的分布来看，知识产权技术合同成交金额指标前三位依次是苏州市、南京市、南通市；专利质押融资金额指标前三位依次是无锡市、南京市、苏州市，均为苏南城市；商标质押融资金额指标前三位依次是苏州市、无锡市、南通市。13 个设区市中，苏州市知识产权技术合同成交金额、商标质押融资金额 2 项指标均位居江苏省首位，专利质押融资金额指标位居江苏省第 3 位。

从各地区 3 项三级指标发展的均衡性来看，常州市、苏州市、南通市、连云港市、宿迁市、南京市、无锡市、镇江市 8 个设区市 3 项三级指标全省位次的差异不超过 3，指标间发展较为均衡（表 4-10）。

表 4-10　2020 年江苏知识产权运用-效果及其三级指标

地区	知识产权运用-效果		知识产权技术合同成交金额		专利质押融资金额		商标质押融资金额	
	指数	排名	指数	排名	指数	排名	指数	排名
南京市	0.8781	1	0.8840	2	0.9289	2	0.6380	5
无锡市	0.8714	2	0.6789	4	1.0000	1	0.6776	2
徐州市	0.4692	7	0.3562	9	0.6237	6	0.0000	10
常州市	0.6170	5	0.6458	5	0.6000	7	0.6359	6
苏州市	0.8438	3	1.0000	1	0.7396	3	1.0000	1
南通市	0.6683	4	0.7139	3	0.6487	5	0.6651	3
连云港市	0.1754	11	0.4075	8	0.0937	10	0.0785	8
淮安市	0.2003	10	0.0289	12	0.1876	8	0.6000	7
盐城市	0.4808	6	0.2772	10	0.6606	4	0.0785	8
扬州市	0.2674	8	0.6000	7	0.0323	13	0.6598	4
镇江市	0.0577	13	0.0066	13	0.0932	11	0.0000	10
泰州市	0.2384	9	0.6061	6	0.1279	9	0.0000	10
宿迁市	0.1062	12	0.1907	11	0.0923	12	0.0000	10

（三）知识产权保护三级指标分析

1. 知识产权保护-行政执法指标

（1）指标设计

知识产权保护-行政执法指标下设 3 个三级指标：查处专利侵权纠纷和假冒专利案件量、商标行政执法案件数量、"正版正货"承诺企业数量（图 4-11）。

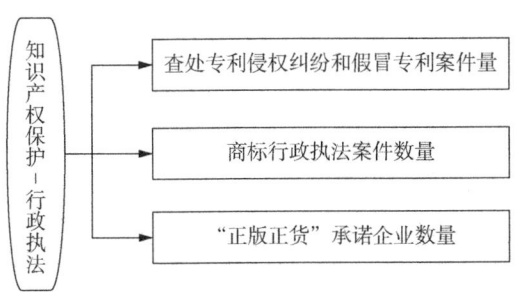

图 4-11　知识产权保护-行政执法三级指标设计

（2）知识产权保护-行政执法指标分析

总体来看，查处专利侵权纠纷和假冒专利案件量、"正版正货"承诺企业数量 2 项指标均呈现苏南高、苏北低的特征。从 3 项三级指标江苏省前三位的分布来看，查处专利侵权纠纷和假冒专利案件量指标前三位依次是南通市、镇江市、常州市；商标行政执法案件数量指标前三位依次是南通市、苏州市、盐城市；"正版正货"承诺企业数量指标前三位依次是无锡市、南京市、常州市，均为苏南城市。13 个设区市中，南通市查处专利侵权纠纷和假冒专利案件量、商标行政执法案件数量 2 项指标均位居江苏省首位。

从各地区 3 项三级指标发展的均衡性来看，南京市、连云港市、宿迁市、扬州市和泰州市 5 个设区市 3 项三级指标全省位次的差异不超过 3，指标间发展较为均衡（表 4-11）。

表 4-11　2020 年江苏知识产权保护-行政执法及其三级指标

地区	知识产权保护-行政执法		查处专利侵权纠纷和假冒专利案件量		商标行政执法案件数量		"正版正货"承诺企业数量	
	指数	排名	指数	排名	指数	排名	指数	排名
南京市	0.7591	3	0.7353	4	0.7504	4	0.8009	2
无锡市	0.7805	2	0.6827	5	0.7077	5	1.0000	1
徐州市	0.5471	10	0.6622	6	0.6889	6	0.2167	13
常州市	0.6961	4	0.7487	3	0.5778	8	0.7806	3
苏州市	0.6839	5	0.5564	9	0.9675	2	0.4833	8
南通市	0.9190	1	1.0000	1	1.0000	1	0.7106	5
连云港市	0.3604	12	0.3696	12	0.3074	12	0.4167	10
淮安市	0.3638	11	0.3851	11	0.2593	13	0.4708	9
盐城市	0.5690	9	0.4941	10	0.8239	3	0.3375	11
扬州市	0.5700	8	0.5606	8	0.5259	9	0.6387	6
镇江市	0.6215	7	0.7561	2	0.5037	10	0.6000	7
泰州市	0.6382	6	0.6000	7	0.6000	7	0.7364	4
宿迁市	0.2636	13	0.1993	13	0.3222	11	0.2708	12

2. 知识产权保护-维权援助指标

（1）指标设计

知识产权保护-维权援助指标下设 2 个三级指标：维权援助中心及分支机构数量、维权援助中心举报投诉受理量（图 4-12）。

（2）知识产权保护-维权援助指标分析

总体来看，维权援助中心及分支机构数量指标呈现出苏南高、苏北低的特征。从 2 项三级指标江苏省前三位的分布来看，维权援助中心及分支机构数量指标前三位依次是常州市、南京市、南通市、苏州市（其中南通市和苏州市并列全省第3）；维权援助中心举报投诉受理量指标前三位依次是盐城市、南京市、南通市。13个设区市中，南京市2项三级指标均位居江苏省第2位，南通市2项三级指标均位居江苏省第3位。

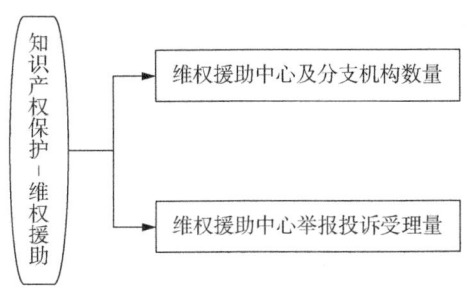

图 4-12　知识产权保护–维权援助三级指标设计

从各地区2项三级指标发展的均衡性来看，南京市、南通市、淮安市、宿迁市、苏州市、扬州市、镇江市7个设区市2项三级指标全省位次的差异不超过3，指标间发展较为均衡（表4-12）。

表 4-12　2020 年江苏知识产权保护–维权援助及其三级指标

地区	知识产权保护 -维权援助		维权援助中心及 分支机构数量		维权援助中心举报 投诉受理量	
	指数	排名	指数	排名	指数	排名
南京市	0.8504	1	0.8000	2	0.9260	2
无锡市	0.4606	7	0.3500	11	0.6264	6
徐州市	0.0900	12	0.1500	12	0.0000	8
常州市	0.8400	2	1.0000	1	0.6000	7
苏州市	0.6404	5	0.6286	3	0.6581	5
南通市	0.6975	4	0.6286	3	0.8009	3
连云港市	0.0900	12	0.1500	12	0.0000	8
淮安市	0.3000	10	0.5000	8	0.0000	8

续表

地区	知识产权保护 -维权援助		维权援助中心及 分支机构数量		维权援助中心举报 投诉受理量	
	指数	排名	指数	排名	指数	排名
盐城市	0.7600	3	0.6000	5	1.0000	1
扬州市	0.3600	8	0.6000	5	0.0000	8
镇江市	0.3600	8	0.6000	5	0.0000	8
泰州市	0.5734	6	0.4500	9	0.7586	4
宿迁市	0.2700	11	0.4500	9	0.0000	8

（四） 知识产权环境三级指标分析

1. 知识产权环境-管理指标

（1）指标设计

知识产权环境-管理指标下设 5 个三级指标：知识产权专项经费投入、知识产权管理机构人员数、国家知识产权试点示范园区数、知识产权贯标企业数量、知识产权战略推进计划项目数（图 4-13）。

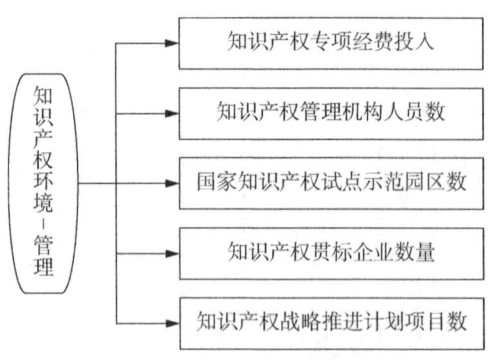

图 4-13 知识产权环境-管理三级指标设计

（2）知识产权环境-管理指标分析

总体来看，国家知识产权试点示范园区数、知识产权战略推进计划项目数 2 项指标均呈现苏南高、苏北低的特征。从 5 项三级指标江苏省前三位的分布来看，知识产权专项经费投入指标前三位依次是苏州市、南京市、盐城市；知识产权管理机构人员数指标前三位依次是南京市、苏州市、无锡市（其中苏州市和无锡市并列全省第 2），均为苏南城市；国家知识产权试点示范园区数指标前三位依次是苏州市、南通市、南京市；知识产权贯标企业数量指标前三位依次是徐州市、南京市、苏州市；知识产权战略推进计划项目数指标前三位依次是苏州市、常州市、南京市，均为苏南城市。13 个设区市中，苏州市和南京市 5 项三级指标均进入江苏省前三位。

从各地区 5 项三级指标发展的均衡性来看，南京市、苏州市 2 个设区市 5 项三级指标全省位次的差异不超过 3，指标间发展较为均衡（表 4-13）。

2. 知识产权环境-服务指标

（1）指标设计

知识产权环境-服务指标下设 3 个三级指标：专利申请代理率、商标申请代理率、知识产权服务机构数量（图 4-14）。

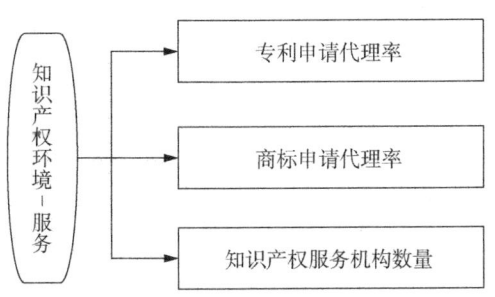

图 4-14　知识产权环境-服务三级指标设计

表 4-13 2020 年江苏知识产权环境-管理及其三级指标

地区	知识产权环境-管理		知识产权专项经费投入		知识产权管理机构人员数		国家知识产权试点示范园区数		知识产权贯标企业数量		知识产权战略推进计划项目数	
	指数	排名	指数	排名	指数	排名	指数	排名	指数	排名	指数	排名
南京市	0.8397	2	0.8106	2	1.0000	1	0.7714	3	0.9987	2	0.7314	3
无锡市	0.6542	4	0.6420	5	0.7818	2	0.6571	4	0.6230	5	0.6114	6
徐州市	0.5768	7	0.6334	6	0.7091	4	0.6571	4	1.0000	1	0.2880	10
常州市	0.6615	3	0.6000	7	0.4909	10	0.6000	7	0.7387	4	0.7371	2
苏州市	0.9226	1	1.0000	1	0.7818	2	1.0000	1	0.7923	3	1.0000	1
南通市	0.6447	5	0.6541	4	0.4364	12	0.8286	2	0.6000	7	0.6743	4
连云港市	0.3346	13	0.3320	13	0.6000	7	0.2000	12	0.3992	13	0.2480	12
淮安市	0.3863	11	0.4884	9	0.4364	12	0.4000	8	0.5364	8	0.2800	11
盐城市	0.4741	9	0.7070	3	0.5455	9	0.4000	8	0.6211	6	0.3840	9
扬州市	0.4377	10	0.4201	11	0.6727	5	0.2000	12	0.4398	12	0.4400	8
镇江市	0.5300	8	0.3920	12	0.4909	10	0.4000	8	0.4602	10	0.6514	5
泰州市	0.6085	6	0.5819	8	0.6727	5	0.6571	4	0.5212	9	0.6000	7
宿迁市	0.3764	12	0.4650	10	0.6000	7	0.4000	8	0.4500	11	0.2240	13

（2）知识产权环境–服务指标分析

总体来看，知识产权服务机构数量指标呈现苏南高、苏北低的特征。从 3 项三级指标江苏省前三位的分布来看，专利申请代理率指标前三位依次是连云港市、无锡市、常州市；商标申请代理率指标前三位依次是常州市、南京市、镇江市，均为苏南城市；知识产权服务机构数量指标前三位依次是苏州市、南京市、无锡市，均为苏南城市。13 个设区市中，南京市商标申请代理率、知识产权服务机构数量 2 项指标均位居江苏省第 2 位，常州市专利申请代理率、商标申请代理率 2 项指标均进入江苏省前三位，无锡市专利申请代理率、知识产权服务机构数量 2 项指标均进入江苏省前三位。

从各地区 3 项三级指标发展的均衡性来看，南京市、扬州市 2 个设区市3 项三级指标全省位次的差异不超过 3，指标间发展较为均衡（表 4-14）。

表 4-14　2020 年江苏知识产权环境–服务及其三级指标

地区	知识产权环境–服务		专利申请代理率		商标申请代理率		知识产权服务机构数量	
	指数	排名	指数	排名	指数	排名	指数	排名
南京市	0.9352	1	0.7620	5	0.9972	2	0.8475	2
无锡市	0.6683	7	0.8766	2	0.6000	7	0.7299	3
徐州市	0.5145	12	0.5968	8	0.4678	12	0.6770	4
常州市	0.9292	2	0.8126	3	1.0000	1	0.6668	5
苏州市	0.6060	8	0.5789	9	0.5574	9	1.0000	1
南通市	0.5246	11	0.5276	11	0.5072	11	0.6399	6
连云港市	0.7825	3	1.0000	1	0.7696	5	0.4378	10
淮安市	0.5445	9	0.5500	10	0.5766	8	0.3081	13
盐城市	0.6893	6	0.7704	4	0.7021	6	0.4378	10
扬州市	0.7376	5	0.6000	7	0.7965	4	0.6000	7
镇江市	0.7566	4	0.7218	6	0.8167	3	0.4054	12

续表

地区	知识产权 环境-服务		专利申请代理率		商标申请代理率		知识产权服务 机构数量	
	指数	排名	指数	排名	指数	排名	指数	排名
泰州市	0.5252	10	0.4888	13	0.5272	10	0.5838	8
宿迁市	0.3746	13	0.5047	12	0.3134	13	0.5432	9

3. 知识产权环境-人才指标

（1）指标设计

知识产权环境-人才指标下设 4 个三级指标：知识产权专业人才培训人数、中小学知识产权教育试点学校数量、通过全国专利代理师资格考试人数、知识产权领军及骨干人才数量（图 4-15）。

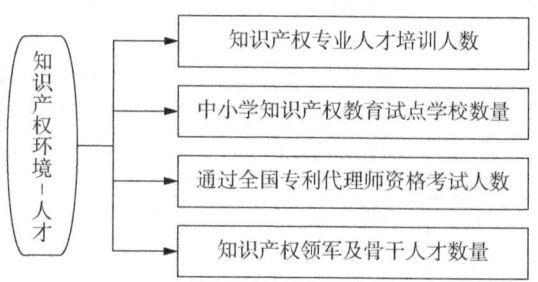

图 4-15　知识产权环境-人才三级指标设计

（2）知识产权环境-人才指标分析

总体来看，知识产权专业人才培训人数、通过全国专利代理师资格考试人数、知识产权领军及骨干人才数量 3 项三级指标均呈现苏南高、苏北低的特征。从 3 项三级指标江苏省前三位的分布来看，知识产权专业人才培训人数指标前三位依次是苏州市、南京市、无锡市，均为苏南城市；苏州市、南京市、无锡市、扬州市、南通市 5 个设区市的中小学知识产权教育试点学校数量指标并列江苏省首位；通过全国专利代理师资格考试人数、知识产权领军及骨干人才数量2项指标前三位均分布在南京市、苏州市、常州市，均为苏南城市。13个设区市中，南京市和苏州市4项三级指标均进入江苏省前两位。

从各地区4项三级指标发展的均衡性来看，南京市、苏州市、淮安市3个设区市4项三级指标全省位次的差异均为1，指标间发展较为均衡（表4-15）。

表4-15　2020年江苏知识产权环境-人才及其三级指标

地区	知识产权环境-人才		知识产权专业人才培训人数		中小学知识产权教育试点学校数量		通过全国专利代理师资格考试人数		知识产权领军及骨干人才数量	
	指数	排名	指数	排名	指数	排名	指数	排名	指数	排名
南京市	0.8830	2	0.7888	2	1.0000	1	0.9088	2	1.0000	1
无锡市	0.7839	3	0.7475	3	1.0000	1	0.6608	4	0.6208	5
徐州市	0.5860	9	0.5636	10	0.6000	6	0.6336	5	0.6000	7
常州市	0.5867	8	0.6575	5	0.3600	11	0.6816	3	0.6623	3
苏州市	0.9873	1	1.0000	1	1.0000	1	1.0000	1	0.8981	2
南通市	0.6942	4	0.5818	8	1.0000	1	0.6128	6	0.6132	6
连云港市	0.5934	6	0.6575	5	0.6000	6	0.3750	11	0.5419	8
淮安市	0.4341	12	0.5455	12	0.3600	11	0.3000	12	0.2710	11
盐城市	0.4078	13	0.5515	11	0.1200	13	0.4875	9	0.3290	10
扬州市	0.6565	5	0.6000	7	1.0000	1	0.6000	7	0.2516	12
镇江市	0.5898	7	0.6588	4	0.4800	9	0.4875	9	0.6358	4
泰州市	0.5052	10	0.5333	13	0.4800	9	0.6000	7	0.3484	9
宿迁市	0.4979	11	0.5818	8	0.6000	6	0.2625	13	0.1935	13

第五章　地区知识产权实力分项指标分析

一、南京市知识产权实力分项指标分析

2020 年南京市知识产权实力指数为 0.8807，位居江苏省首位。如图 5-1 所示，南京市知识产权创造、知识产权运用、知识产权保护和知识产权环境 4 项一级指标发展比较均衡。

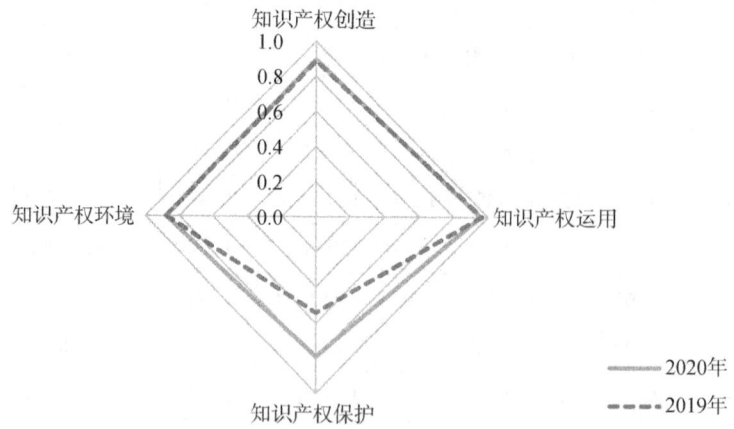

图 5-1　2019—2020 年南京市知识产权实力一级指标指数

2020 年，南京市知识产权创造指标指数为 0.8919，位居江苏省首位。知识产权创造-数量、知识产权创造-质量和知识产权创造-效率 3 项二级指标分别位居江苏省第 2、第 1 和第 2 位。17 项三级指标中，有 14 项指标位居江苏省前两位，有 8 项指标位居江苏省首位。截至 2020 年年底，南京市有效发明专利量 70 428 件，同比增长 20.53%。从技术领域小类来看，有效发明专利量前三位的技术领域分别是测量 8032 件，计算机技术 6618 件，电机、电气装置、电能 5848 件，合计 20 498 件，占南京市有效发明专利总量的 29.10%。从重点企业专利权人来看，有效发明专利量前三位的企业分别是国电南瑞科技股份有限公司 857 件、南京南瑞继保电气有限公司 681 件、江苏苏博特新材料股份有限公司 489 件。从 13 个先进制造业集群龙头骨干企业来看，高端装备领域龙头骨干企业有效发明专利量最多，分别是中车南京浦镇车辆有限公司 333 件、南京康尼机电股份有限公司 102 件、南京埃斯顿自动化股份有限公司 95 件、南京恩瑞特实业有限公司 48 件、南京熊猫电子装备有限公司 2 件，共计 580 件。

从先进制造业集群发明专利授权量来看，2020 年南京市核心信息技术产业集群发明专利授权量 1629 件，位居江苏省首位，其中，工业软件领域发明专利授权量达到 1200 件，位居江苏省首位。从重点企业来看，南京中兴软件有限责任公司、国电南瑞科技股份有限公司、南京中兴新软件有限责任公司 2020 年度核心信息技术产业发明专利授权量分别为 32 件、28 件和 27 件。依托较为完善的电子信息制造产业链，南京市聚集了众多软件和信息技术服务业重点企业。2020 年南京市软件和信息技术服务业营收增长率达到 13.30%。南京市软件和信息技术服务业重点企业数量达到 4020 个，是中国软件和信息技术服务业分布最多的副省级市。

2020 年，南京市知识产权运用指标指数为 0.9543，位居江苏省首位。知识产权运用-数量和知识产权运用-效果 2 项二级指标均位居江苏省首位。7 项三级指标中，专利实施许可合同备案量、专利实施许可合同备案涉及专利量、知识产权质押项目数、知识产权技术合同成交数量 4 项指标均位居江苏省首位。

2020 年，南京市知识产权保护指标指数为 0.7933，位居江苏省第 2 位，较 2019 年上升 4 位。知识产权保护-行政执法和知识产权保护-维权援助 2 项二级指标分别位居江苏省第 3 和第 1 位，排名较 2019 年分别下降 1 位、上升 7 位。5 项三级指标中，"正版正货"承诺企业数量、维权援助中心及分支机构数量、维权援助中心举报投诉受理量 3 项指标均位居江苏省第 2 位。

2020 年，南京市知识产权环境指标指数为 0.8722，位居江苏省首位。知识产权环境-管理、知识产权环境-服务和知识产权环境-人才 3 项二级指标分别位居江苏省第 2、第 1 和第 2 位。12 项三级指标中，有 11 项三级指标位居江苏省前三位（表 5-1）。

表 5-1 南京市知识产权实力分项指标指数

序号	指标	2020 年		2019 年	
		指数	排名	指数	排名
	知识产权实力指数	**0.8807**	**1**	**0.8304**	**1**
	知识产权创造	**0.8919**	**1**	**0.8857**	**1**
	数量	0.8342	2	0.8287	2
1	专利授权量	0.7756	2	0.8402	2
2	发明专利授权量	1.0000	1	1.0000	1
3	PCT 国际专利申请量	0.9162	2	0.8674	2
4	商标注册量	0.8853	2	0.8324	2
5	地理标志商标数量	0.4000	12	0.3429	12
6	集成电路布图设计登记发证数量	1.0000	1	1.0000	1

序号	指标	2020 年		2019 年	
		指数	排名	指数	排名
	质量	0.9906	1	0.9595	1
7	发明专利授权量占比	1.0000	1	1.0000	1
8	发明专利授权率	1.0000	1	0.8993	2
9	高价值发明专利拥有量	1.0000	1	/	/
10	专利获奖数量	0.9314	2	0.9314	2
11	马德里商标国际注册申请量	1.0000	1	1.0000	1
	效率	0.8602	2	0.8660	2
12	每万人口发明专利拥有量	1.0000	1	1.0000	1
13	每百亿元 GDP 专利申请量	0.7599	2	0.8744	2
14	每十亿元 GDP 发明专利拥有量	1.0000	1	1.0000	1
15	每百亿元 GDP 高维持年限发明专利拥有量	0.9998	2	1.0000	1
16	万企有效注册商标企业数	0.5536	9	0.5168	11
17	每万户企业注册商标拥有量	0.7047	4	0.6000	7
	知识产权运用	**0.9543**	**1**	**0.9619**	**1**
	数量	1.0000	1	1.0000	1
18	专利实施许可合同备案量	1.0000	1	1.0000	1
19	专利实施许可合同备案涉及专利量	1.0000	1	1.0000	1
20	知识产权质押项目数	1.0000	1	1.0000	1
21	知识产权技术合同成交数量	1.0000	1	1.0000	1
	效果	0.8781	1	0.8985	1
22	知识产权技术合同成交金额	0.8840	2	0.9571	2
23	专利质押融资金额	0.9289	2	1.0000	1
24	商标质押融资金额	0.6380	5	0.3245	4
	知识产权保护	**0.7933**	**2**	**0.5455**	**6**
	行政执法	0.7591	3	0.7648	2
25	查处专利侵权纠纷和假冒专利案件量	0.7353	4	0.7275	4

序号	指标	2020 年		2019 年	
		指数	排名	指数	排名
26	商标行政执法案件数量	0.7504	4	0.7410	4
27	"正版正货"承诺企业数量	0.8009	2	0.8432	2
	维权援助	0.8504	1	0.1800	8
28	维权援助中心及分支机构数量	0.8000	2	0.3000	8
29	维权援助中心举报投诉受理量	0.9260	2	0.0000	6
	知识产权环境	**0.8722**	**1**	**0.8730**	**1**
	管理	0.8397	2	0.8599	2
30	知识产权专项经费投入	0.8106	2	0.7901	2
31	知识产权管理机构人员数	1.0000	1	1.0000	1
32	国家知识产权试点示范园区数	0.7714	3	/	/
33	知识产权贯标企业数量	0.9987	2	1.0000	1
34	知识产权战略推进计划项目数	0.7314	3	0.8053	2
	服务	0.9352	1	0.9341	1
35	专利申请代理率	0.7620	5	0.8284	3
36	商标申请代理率	0.9972	2	0.9785	2
37	知识产权服务机构数量	0.8475	2	0.8342	2
	人才	0.8830	2	0.8328	2
38	知识产权专业人才培训人数	0.7888	2	0.8453	3
39	中小学知识产权教育试点学校数量	1.0000	1	/	/
40	通过全国专利代理师资格考试人数	0.9088	2	1.0000	1
41	知识产权领军及骨干人才数量	1.0000	1	1.0000	1

二、无锡市知识产权实力分项指标分析

2020 年无锡市知识产权实力指数为 0.6833，位居江苏省第 4 位，排名较 2019 年下降 1 位。如图 5-2 所示，无锡市知识产权创造、知识产权运用、知识产权保护和知识产权环境 4 项一级指标发展较为均衡。

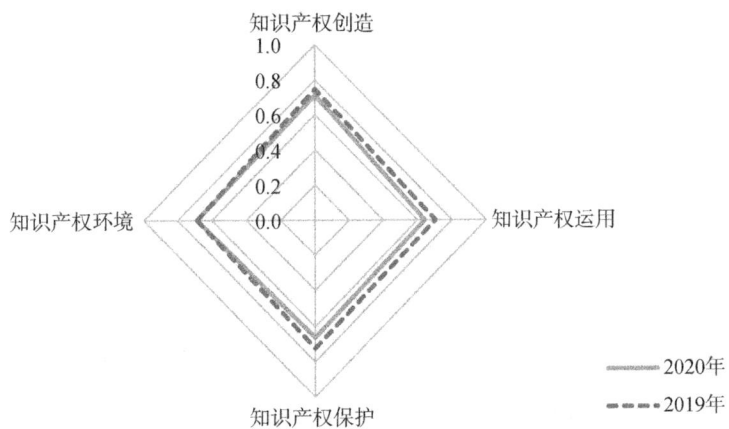

图 5-2　2019—2020 年无锡市知识产权实力一级指标指数

2020 年，无锡市知识产权创造指标指数为 0.7160，位居江苏省第 3 位。知识产权创造-数量、知识产权创造-质量和知识产权创造-效率 3 项二级指标分别位居江苏省第 3、第 4 和第 4 位。17 项三级指标中，有 8 项指标位居江苏省前三位。截至 2020 年年底，无锡市有效发明专利量 32 416 件，同比增长 11.96%。从技术领域小类来看，有效发明专利量前三位的技术领域分别是机器工具 2636 件，电机、电气装置、电能 2124 件，测量 1946 件，合计 6706 件，占无锡市有效发明专利总量的 20.69%。从重点企业专利权人来看，有效发明专利量前三位的企业分别是无锡小天鹅电器有限公司 822

件、无锡华润上华科技有限公司 583 件、无锡中感微电子股份有限公司 355 件。从 13 个先进制造业集群龙头骨干企业来看，集成电路领域龙头骨干企业有效发明专利量最多，分别是江苏长电科技股份有限公司 187 件、江苏卓胜微电子股份有限公司 43 件、无锡新洁能股份有限公司 35 件、江阴江化微电子材料股份有限公司 31 件、江阴润玛电子材料股份有限公司 27 件、无锡中微高科电子有限公司 26 件、无锡力芯微电子股份有限公司 25 件、无锡芯朋微电子股份有限公司 20 件、无锡中微爱芯电子有限公司 11 件、无锡德思普科技有限公司 5 件、SK 海力士半导体（中国）有限公司 2 件，共计 412 件。

从先进制造业集群发明专利授权量来看，2020 年无锡市集成电路产业集群发明专利授权量 116 件，仅次于苏州市，位居江苏省第 2 位，其中，无锡市集成电路制造业、封测业和支撑业发明专利授权量分别达到 31 件、29 件和 55 件，位居江苏省第 1 位、第 2 位和第 2 位。从重点企业来看，华进半导体封装先导技术研发中心有限公司、无锡华润上华科技有限公司、江苏长电科技股份有限公司 2020 年度集成电路产业发明专利授权量分别为 19 件、16 件和 11 件。无锡市现有集成电路企业 400 余家，列入政府统计部门名单的规模以上企业 173 家，2020 年实现营收超 1421 亿元，5 年年均增长 17.5%，集成电路产业综合实力仅次于上海市、深圳市，位居全国第 3 位、江苏省第 1 位，13 家企业在境内外上市。

2020 年，无锡市知识产权运用指标指数为 0.6401，位居江苏省第 3 位，排名较 2019 年下降 1 位。知识产权运用-数量和知识产权运用-效果 2 项二级指标分别位居江苏省第 8 和第 2 位，其中，知识产权运用-数量指标排名较 2019 年下降 5 位。7 项三级指标中，专利质押融资金额指标位居江苏省首位，较 2019 年上升 1 位；专利实施许可合同备案涉及专利量指标位居江苏省第 10 位，较 2019 年下降 6 位。

2020 年，无锡市知识产权保护指标指数为 0.6606，位居江苏省第 5 位，较 2019 年下降 2 位。知识产权保护–行政执法和知识产权保护–维权援助 2 项二级指标分别位居江苏省第 2 和第 7 位，较 2019 年分别上升 1 位、下降 3 位。5 项三级指标中，查处专利侵权纠纷和假冒专利案件量指标位居江苏省第 5 位，较 2019 年上升 3 位；维权援助中心及分支机构数量指标位居江苏省第 11 位，较 2019 年下降 4 位。

2020 年，无锡市知识产权环境指标指数为 0.6837，位居江苏省第 4 位。知识产权环境–管理、知识产权环境–服务和知识产权环境–人才 3 项二级指标分别位居江苏省第 4、第 7 和第 3 位，较 2019 年分别下降 1 位、下降 2 位、上升 1 位。12 项三级指标中，知识产权贯标企业数量指标位居江苏省第 5 位，较 2019 年上升 4 位；商标申请代理率指标位居江苏省第 7 位，较 2019 年下降 2 位（表 5-2）。

表 5-2　无锡市知识产权实力分项指标指数

序号	指标	2020 年		2019 年	
		指数	排名	指数	排名
	知识产权实力指数	**0.6833**	**4**	**0.7212**	**3**
	知识产权创造	**0.7160**	**3**	**0.7486**	**3**
	数量	0.6977	3	0.6974	3
1	专利授权量	0.7196	3	0.7383	3
2	发明专利授权量	0.6664	3	0.6799	3
3	PCT 国际专利申请量	0.6300	4	0.6411	4
4	商标注册量	0.6693	3	0.6567	3
5	地理标志商标数量	0.6000	6	0.6000	6

续表

序号	指标	2020 年		2019 年	
		指数	排名	指数	排名
6	集成电路布图设计登记发证数量	0.8917	2	0.8366	3
	质量	0.6779	4	0.6938	4
7	发明专利授权量占比	0.6016	6	0.6295	5
8	发明专利授权率	0.8400	4	0.7531	3
9	高价值发明专利拥有量	0.7343	3	/	/
10	专利获奖数量	0.6914	4	0.6914	4
11	马德里商标国际注册申请量	0.6328	5	0.6730	4
	效率	0.7399	4	0.7901	4
12	每万人口发明专利拥有量	0.7817	3	0.8109	3
13	每百亿元 GDP 专利申请量	0.6684	4	0.6878	6
14	每十亿元 GDP 发明专利拥有量	0.6478	5	0.7238	4
15	每百亿元 GDP 高维持年限发明专利拥有量	0.8448	4	0.8380	3
16	万企有效注册商标企业数	0.7431	3	0.8558	2
17	每万户企业注册商标拥有量	0.7618	3	0.8545	3
	知识产权运用	**0.6401**	**3**	**0.7034**	**2**
	数量	0.5014	8	0.6202	3
18	专利实施许可合同备案量	0.6000	7	0.6019	5
19	专利实施许可合同备案涉及专利量	0.1610	10	0.6159	4
20	知识产权质押项目数	0.6909	2	0.6472	2
21	知识产权技术合同成交数量	0.6123	4	0.6196	3
	效果	0.8714	2	0.8421	2
22	知识产权技术合同成交金额	0.6789	4	0.7907	3
23	专利质押融资金额	1.0000	1	0.9188	2
24	商标质押融资金额	0.6776	2	0.6000	3

序号	指标	2020 年		2019 年	
		指数	排名	指数	排名
	知识产权保护	**0.6606**	**5**	**0.7222**	**3**
	行政执法	0.7805	2	0.7646	3
25	查处专利侵权纠纷和假冒专利案件量	0.6827	5	0.5561	8
26	商标行政执法案件数量	0.7077	5	0.7900	3
27	"正版正货"承诺企业数量	1.0000	1	1.0000	1
	维权援助	0.4606	7	0.6516	4
28	维权援助中心及分支机构数量	0.3500	11	0.6000	7
29	维权援助中心举报投诉受理量	0.6264	6	0.7290	2
	知识产权环境	**0.6837**	**4**	**0.6832**	**4**
	管理	0.6542	4	0.6762	3
30	知识产权专项经费投入	0.6420	5	0.6299	4
31	知识产权管理机构人员数	0.7818	2	0.7818	2
32	国家知识产权试点示范园区数	0.6571	4	/	/
33	知识产权贯标企业数量	0.6230	5	0.5206	9
34	知识产权战略推进计划项目数	0.6114	6	0.6842	6
	服务	0.6683	7	0.7143	5
35	专利申请代理率	0.8766	2	0.8528	2
36	商标申请代理率	0.6000	7	0.6732	5
37	知识产权服务机构数量	0.7299	3	0.7252	3
	人才	0.7839	3	0.6636	4
38	知识产权专业人才培训人数	0.7475	3	0.8702	2
39	中小学知识产权教育试点学校数量	1.0000	1	/	/
40	通过全国专利代理师资格考试人数	0.6608	4	0.7000	3
41	知识产权领军及骨干人才数量	0.6208	5	0.6136	4

三、徐州市知识产权实力分项指标分析

2020 年徐州市知识产权实力指数为 0.5279，位居江苏省第 7 位。如图 5-3 所示，徐州市知识产权创造、知识产权运用、知识产权保护和知识产权环境 4 项一级指标发展不均衡，知识产权创造、知识产权运用和知识产权环境 3 项指标指数要高于知识产权保护指标指数。

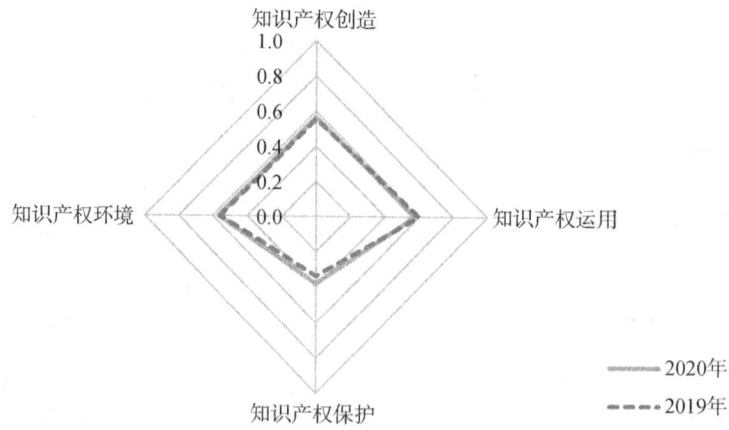

图 5-3　2019—2020 年徐州市知识产权实力一级指标指数

2020 年，徐州市知识产权创造指标指数为 0.5653，位居江苏省第 7 位。知识产权创造-数量、知识产权创造-质量和知识产权创造-效率 3 项二级指标分别位居江苏省第 6、第 5 和第 8 位，其中，知识产权创造-数量和知识产权创造-效率 2 项指标排名较 2019 年均上升 1 位。17 项三级指标中，马德里商标国际注册申请量指标位居江苏省第 4 位，较 2019 年上升 5 位；每百亿元 GDP 专利申请量指标位居江苏省第 10 位，较 2019 年下降 2 位。截至 2020 年年底，徐州市有效发明专利量 17 063 件，同比增长 42.80%。从技术领域小类来看，有效发明专利量前三位的技术领域分别是土木工程2359件、装卸1597件、机器工具1220件，合计5176件，占徐州市有效发明专利总量的30.33%。从重点企业专利权人来看，有效发明专利量前三位的企业分别是徐州重型机械有限公司520件、苏师大半导体材料与设备研究院（邳州）有限公司453件、徐工集团工程机械股份有限公司342件。从13个先进制造业集群龙头骨干企业来看，集成电路领域龙头骨干企业有效发明专利量最多，分别是徐州博康信息化学品有限公司24件、江苏鲁汶仪器有限公司22件、江苏云意电气股份有限公司20件、徐州大晶新材料科技集团有限公司5件。

从先进制造业集群发明专利授权量来看，2020年徐州市工程机械产业集群发明专利授权量299件，位居江苏省首位，其中，徐州市在挖掘机械、升降机械、矿山机械、凿岩机械等技术领域发明专利授权量均位居江苏省首位。从重点企业来看，徐工集团工程机械有限公司、江苏徐工工程机械研究院有限公司、徐州徐工液压件有限公司发明专利授权量分别为25件、13件和10件。作为徐州市工程机械产业的集聚区，徐州市经开区集聚了徐州工程机械集团有限公司、卡特彼勒（徐州）有限公司、徐州利勃海尔混凝土机械有限公司等全球工程机械十强企业，徐州海伦哲专用车辆股份有限公司、徐州博汇世通重工机械有限责任公司等一批专注细分领域的单项冠军企业，300余家上下游配套企业。2020年，徐州经开区工程机械产业实现产值1237亿元，进出口总额228亿元，入库税收32亿元。

2020年，徐州市知识产权运用指标指数为0.5701，位居江苏省第5位，较2019年上升1位。知识产权运用-数量和知识产权运用-效果2项二级指标分别位居江苏省第3和第7位，较2019年分别上升2位、下降1位。7项三级指标中，专利实施许可合同备案量指标位居江苏省第3位，较2019年上升 4 位；商标质押融资金额指标位居江苏省第 10 位，较 2019 年下降 4 位。

2020 年，徐州市知识产权保护指标指数为 0.3757，位居江苏省第 10 位，较 2019 年上升 1 位。知识产权保护-行政执法和知识产权保护-维权援助 2 项二级指标分别位居江苏省第 10 和第 12 位，较 2019 年均下降 1 位。5 项三级指标中，商标行政执法案件数量指标位居江苏省第 6 位，较 2019 年上升 5 位；维权援助中心举报投诉受理量指标位居江苏省第 8 位，较 2019 年下降 2 位。

2020 年，徐州市知识产权环境指标指数为 0.5631，位居江苏省第 8 位，较 2019 年上升 1 位。知识产权环境-管理、知识产权环境-服务和知识产权环境-人才 3 项二级指标分别位居江苏省第 7、第 12 和第 9 位，其中，知识产权环境-管理指标排名较 2019 年上升 2 位，知识产权环境-人才指标排名较 2019 年下降 4 位。12 项三级指标中，专利申请代理率指标位居江苏省第 8 位，较 2019 年上升 4 位；知识产权专业人才培训人数指标位居江苏省第 10 位，较 2019 年下降 5 位（表 5-3）。

表 5-3 徐州市知识产权实力分项指标指数

序号	指标	2020 年		2019 年	
		指数	排名	指数	排名
	知识产权实力指数	**0.5279**	**7**	**0.5191**	**7**
	知识产权创造	**0.5653**	**7**	**0.5543**	**7**
	数量	0.5956	6	0.4950	7
1	专利授权量	0.6000	7	0.4812	10
2	发明专利授权量	0.6295	4	0.6067	5
3	PCT 国际专利申请量	0.6070	6	0.6110	6
4	商标注册量	0.6516	4	0.6196	4
5	地理标志商标数量	0.4800	8	0.4714	8
6	集成电路布图设计登记发证数量	0.6146	6	0.1935	9
	质量	0.6753	5	0.6778	5

序号	指标	2020 年		2019 年	
		指数	排名	指数	排名
7	发明专利授权量占比	0.7467	2	0.8983	2
8	发明专利授权率	0.6000	7	0.4616	8
9	高价值发明专利拥有量	0.6000	7	/	/
10	专利获奖数量	0.6457	6	0.6457	6
11	马德里商标国际注册申请量	0.6514	4	0.4200	9
	效率	0.5027	8	0.5111	9
12	每万人口发明专利拥有量	0.5486	8	0.5118	9
13	每百亿元 GDP 专利申请量	0.4543	10	0.5793	8
14	每十亿元 GDP 发明专利拥有量	0.6000	7	0.6000	7
15	每百亿元 GDP 高维持年限发明专利拥有量	0.2827	11	0.2773	11
16	万企有效注册商标企业数	0.5785	8	0.5762	9
17	每万户企业注册商标拥有量	0.5445	10	0.5105	12
	知识产权运用	**0.5701**	**5**	**0.6015**	**6**
	数量	0.6306	3	0.6115	5
18	专利实施许可合同备案量	0.6397	3	0.6000	7
19	专利实施许可合同备案涉及专利量	0.6312	4	0.6136	5
20	知识产权质押项目数	0.6448	3	0.6321	4
21	知识产权技术合同成交数量	0.6000	7	0.6000	7
	效果	0.4692	7	0.5847	6
22	知识产权技术合同成交金额	0.3562	9	0.6157	6
23	专利质押融资金额	0.6237	6	0.7008	4
24	商标质押融资金额	0.0000	10	0.0000	6
	知识产权保护	**0.3757**	**10**	**0.3345**	**11**
	行政执法	0.5471	10	0.4813	9
25	查处专利侵权纠纷和假冒专利案件量	0.6622	6	0.6441	6
26	商标行政执法案件数量	0.6889	6	0.4836	11

序号	指标	2020 年		2019 年	
		指数	排名	指数	排名
27	"正版正货"承诺企业数量	0.2167	13	0.2690	13
	维权援助	0.0900	12	0.0900	11
28	维权援助中心及分支机构数量	0.1500	12	0.1500	11
29	维权援助中心举报投诉受理量	0.0000	8	0.0000	6
	知识产权环境	**0.5631**	**8**	**0.5511**	**9**
	管理	0.5768	7	0.5562	9
30	知识产权专项经费投入	0.6334	6	0.6042	6
31	知识产权管理机构人员数	0.7091	4	0.7091	4
32	国家知识产权试点示范园区数	0.6571	4	/	/
33	知识产权贯标企业数量	1.0000	1	0.6913	3
34	知识产权战略推进计划项目数	0.2880	10	0.3857	10
	服务	0.5145	12	0.4794	12
35	专利申请代理率	0.5968	8	0.5035	12
36	商标申请代理率	0.4678	12	0.4467	12
37	知识产权服务机构数量	0.6770	4	0.6595	5
	人才	0.5860	9	0.6266	5
38	知识产权专业人才培训人数	0.5636	10	0.6453	5
39	中小学知识产权教育试点学校数量	0.6000	6	/	/
40	通过全国专利代理师资格考试人数	0.6336	5	0.6047	5
41	知识产权领军及骨干人才数量	0.6000	7	0.6136	4

四、常州市知识产权实力分项指标分析

2020 年常州市知识产权实力指数为 0.6915，位居江苏省第 3 位，较

2019 年上升 1 位。如图 5-4 所示，常州市知识产权创造、知识产权运用、知识产权保护和知识产权环境 4 项一级指标发展较为均衡。

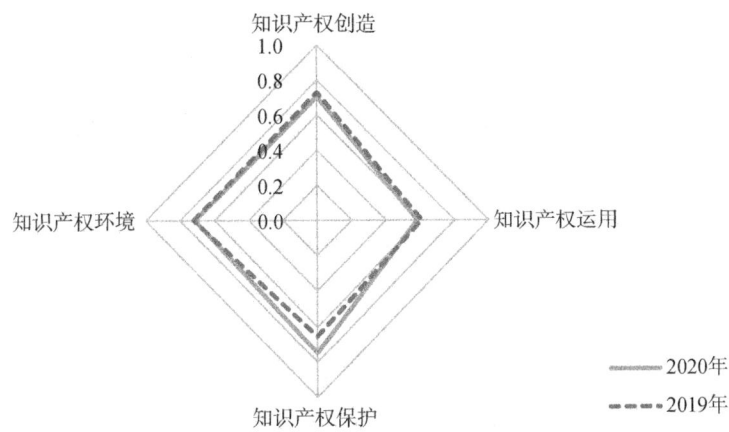

图 5-4　2019—2020 年常州市知识产权实力一级指标指数

2020 年，常州市知识产权创造指标指数为 0.7050，位居江苏省第 4 位。知识产权创造-数量、知识产权创造-质量和知识产权创造-效率 3 项二级指标分别位居江苏省第 5、第 7 和第 3 位。17 项三级指标中，地理标志商标数量指标位居江苏省第 8 位，较 2019 年上升 3 位；发明专利授权量占比指标位居江苏省第 10 位，较 2019 年下降 4 位。截至 2020 年年底，常州市有效发明专利量 19 262 件，同比增长 11.35%。从技术领域小类来看，有效发明专利量前三位的技术领域分别是电机、电气装置、电能 1830 件，机器工具 1494 件，测量 1356 件，合计 4680 件，占常州市有效发明专利总量的 24.30%。从重点企业专利权人来看，有效发明专利量前三位的企业分别是溧阳常大技术转移中心有限公司 342 件、中车戚墅堰机车车辆工艺研究所有限公司 289 件、天合光能股份有限公司 260 件。从 13 个先进制造业集群龙头骨干企业来看，高端装备领域龙头骨干企业有效发明专利量最多，分别是中车戚墅堰机车车辆工艺研究所有限公司 289 件、中天钢铁集团有限公司 66 件、新誉集团有限公司 38 件、今创集团股份有限公司 23 件。

从先进制造业集群发明专利授权量来看，2020 年常州市汽车及零部件（含新能源汽车）产业集群发明专利授权量 173 件，仅次于南京市、苏州市和镇江市，位居江苏省第 4 位，其中，新能源汽车领域发明专利授权量达到 136 件，位居江苏省第 2 位。从重点企业来看，蜂巢能源科技有限公司、中航锂电技术研究院有限公司 2020 年度汽车及零部件（含新能源汽车）产业发明专利授权量分别为 113 件、33 件。"十三五"期间，在全国汽车消费持续低迷、节能减排趋于严格的大背景下，常州市汽车工业保持平稳运行，年均增长率达 11.00%，位居江苏省前列。2020 年，常州市汽车工业产值 1028 亿元，占全市工业总产值 9.40%，拥有汽车产业规模以上企业 300 余家，孕育出蜂巢能源科技有限公司、中航锂电技术研究院有限公司、常州星宇车灯股份有限公司等诸多细分领域"单打冠军"。

2020 年，常州市知识产权运用指标指数为 0.5837，位居江苏省第 4 位，较 2019 年上升 1 位。知识产权运用-数量和知识产权运用-效果 2 项二级指标均位居江苏省第 5 位，其中，知识产权运用-数量指标排名较 2019 年上升 1 位。7 项三级指标中，知识产权技术合同成交金额、商标质押融资金额 2 项指标江苏省排名较 2019 年保持不变，其他 5 项指标江苏省排名较 2019 年度均有所下降。

2020 年，常州市知识产权保护指标指数为 0.7501，位居江苏省第 3 位，较 2019 年上升 1 位。知识产权保护-行政执法和知识产权保护-维权援助 2 项二级指标分别位居江苏省第 4、第 2 位，排名较 2019 年分别上升 1 位和 3 位。5 项三级指标中，"正版正货"承诺企业数量指标位居江苏省第 3 位，较 2019 年上升 3 位；商标行政执法案件数量指标位居江苏省第 8 位，较 2019 年下降 2 位。

2020 年，常州市知识产权环境指标指数为 0.7135，位居江苏省第 3 位。知识产权环境-管理、知识产权环境-服务和知识产权环境-人才 3 项二级指标分别位居江苏省第 3、第 2 和第 8 位，其中，知识产权环境-管理指标排名较 2019 年上升 2 位，知识产权环境-人才指标排名较 2019 年下降 5 位。12 项三级指标中，知识产权专项经费投入指标位居江苏省第 7 位，较 2019 年上升 2 位；知识产权服务机构数量、知识产权专业人才培训人数 2 项指标均位居江苏省第 5 位，较 2019 年均下降 1 位（表 5-4）。

表 5-4　常州市知识产权实力分项指标指数

序号	指标	2020 年		2019 年	
		指数	排名	指数	排名
	知识产权实力指数	**0.6915**	**3**	**0.6886**	**4**
	知识产权创造	**0.7050**	**4**	**0.7270**	**4**
	数量	0.6092	5	0.5956	5
1	专利授权量	0.6501	4	0.6559	4
2	发明专利授权量	0.6187	5	0.6120	4
3	PCT 国际专利申请量	0.6345	3	0.6836	3
4	商标注册量	0.6022	6	0.6000	7
5	地理标志商标数量	0.4800	8	0.3857	11
6	集成电路布图设计登记发证数量	0.6413	5	0.6000	7
	质量	0.6246	7	0.6329	7
7	发明专利授权量占比	0.5812	10	0.6023	6
8	发明专利授权率	0.6359	6	0.6048	6
9	高价值发明专利拥有量	0.6422	5	／	／
10	专利获奖数量	0.7371	3	0.7371	3
11	马德里商标国际注册申请量	0.6000	7	0.4200	9

续表

序号	指标	2020 年		2019 年	
		指数	排名	指数	排名
	效率	0.7720	3	0.8111	3
12	每万人口发明专利拥有量	0.7266	5	0.7549	5
13	每百亿元 GDP 专利申请量	0.6985	3	0.7768	3
14	每十亿元 GDP 发明专利拥有量	0.6226	6	0.7068	5
15	每百亿元 GDP 高维持年限发明专利拥有量	0.7625	5	0.8044	4
16	万企有效注册商标企业数	1.0000	1	1.0000	1
17	每万户企业注册商标拥有量	0.9415	2	0.8571	2
	知识产权运用	**0.5837**	**4**	**0.6088**	**5**
	数量	0.5637	5	0.6103	6
18	专利实施许可合同备案量	0.4667	9	0.6006	6
19	专利实施许可合同备案涉及专利量	0.6010	6	0.6188	3
20	知识产权质押项目数	0.6000	7	0.6039	6
21	知识产权技术合同成交数量	0.6038	6	0.6193	4
	效果	0.6170	5	0.6065	5
22	知识产权技术合同成交金额	0.6458	5	0.6396	5
23	专利质押融资金额	0.6000	7	0.7266	3
24	商标质押融资金额	0.6359	6	0.0000	6
	知识产权保护	**0.7501**	**3**	**0.6581**	**4**
	行政执法	0.6961	4	0.6877	5
25	查处专利侵权纠纷和假冒专利案件量	0.7487	3	0.7828	3
26	商标行政执法案件数量	0.5778	8	0.6170	6
27	"正版正货"承诺企业数量	0.7806	3	0.6563	6
	维权援助	0.8400	2	0.6088	5
28	维权援助中心及分支机构数量	1.0000	1	0.8500	2
29	维权援助中心举报投诉受理量	0.6000	7	0.2471	5
	知识产权环境	**0.7135**	**3**	**0.7220**	**3**

序号	指标	2020 年		2019 年	
		指数	排名	指数	排名
	管理	0.6615	3	0.6487	5
30	知识产权专项经费投入	0.6000	7	0.3762	9
31	知识产权管理机构人员数	0.4909	10	0.4909	10
32	国家知识产权试点示范园区数	0.6000	7	/	/
33	知识产权贯标企业数量	0.7387	4	0.6540	5
34	知识产权战略推进计划项目数	0.7371	2	0.7684	3
	服务	0.9292	2	0.9027	2
35	专利申请代理率	0.8126	3	0.6751	4
36	商标申请代理率	1.0000	1	1.0000	1
37	知识产权服务机构数量	0.6668	5	0.6766	4
	人才	0.5867	8	0.6978	3
38	知识产权专业人才培训人数	0.6575	5	0.7120	4
39	中小学知识产权教育试点学校数量	0.3600	11	/	/
40	通过全国专利代理师资格考试人数	0.6816	3	0.6698	4
41	知识产权领军及骨干人才数量	0.6623	3	0.6881	3

五、苏州市知识产权实力分项指标分析

2020 年苏州市知识产权实力指数为 0.7893，位居江苏省第 2 位。如图 5-5 所示，苏州市知识产权创造、知识产权运用、知识产权保护和知识产权环境 4 项一级指标发展较为均衡。

2020 年，苏州市知识产权创造指标指数为 0.8507，位居江苏省第 2 位。知识产权创造-数量、知识产权创造-质量和知识产权创造-效率 3 项

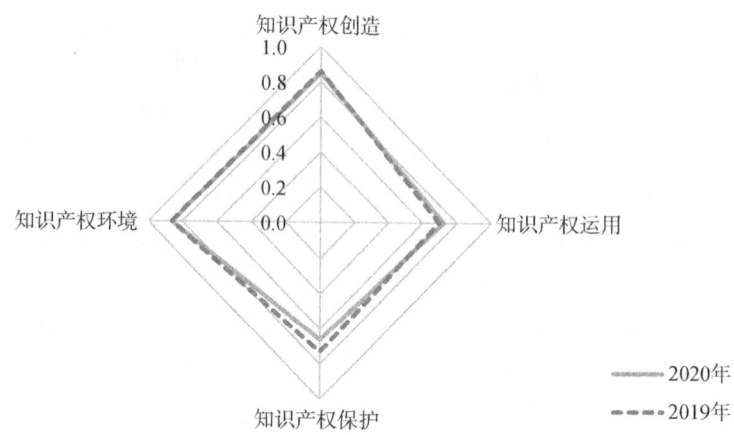

图 5-5 2019—2020 年苏州市知识产权实力一级指标指数

二级指标分别位居江苏省第 1、第 2 和第 1 位。17 项三级指标中，14 项指标位居江苏省前三位，7 项指标位居江苏省首位。截至 2020 年年底，苏州市有效发明专利量 74 008 件，同比增长 17.36%。从技术领域小类来看，有效发明专利量前三位的技术领域分别是电机、电气装置、电能 7120 件，机器工具 6964 件，装卸 4489 件，合计 18573 件，占苏州市有效发明专利总量的 25.10%。从重点企业专利权人来看，有效发明专利量前三位的企业分别是常熟市知识产权运营中心有限公司 958 件、博众精工科技股份有限公司 786 件、富士康（昆山）电脑接插件有限公司 777 件。从 13 个先进制造业集群龙头骨干企业来看，高端装备领域龙头骨干企业有效发明专利量最多，分别是博众精工科技股份有限公司 786 件、苏州汇川技术有限公司 187 件、苏州信能精密机械有限公司 26 件、苏州航发航空零部件有限公司 1 件。

从先进制造业集群发明专利授权量来看，2020 年苏州市前沿新材料产业集群发明专利授权量 328 件，仅次于南京市，位居江苏省第 2 位，其中，先进碳材料、特高温合金材料、纳米新材料领域发明专利授权量分别达到100件、111件、101件，分别位列江苏省第1位、第2位和第2位。从重点企业来看，江苏省沙钢钢铁研究院有限公司、张家港宏昌钢板有限公司2020年度前沿新材料产业发明专利授权量分别为41件和36件。纳米新材料产业是苏州市重点布局的先导产业之一，2020年苏州市纳米技术应用产业呈逆势上扬之势。全年实现规模以上产值1008亿元，形成了高性能微球、氮化镓、碳纳米管、有机硅胶、光电材料等一批纳米新材料产品，在锂离子电池、半导体器件、LED、光伏、生物医药等领域的上游核心纳米材料环节，突破了一批国际一流、国内领先的核心关键技术，形成了较强的竞争优势。

2020年，苏州市知识产权运用指标指数为0.7210，位居江苏省第2位，较2019年上升1位。知识产权运用-数量和知识产权运用-效果2项二级指标分别位居江苏省第2和第3位。7项三级指标中，专利质押融资金额指标位居江苏省第3位，较2019年上升2位；专利实施许可合同备案量指标位居江苏省第6位，较2019年下降4位。

2020年，苏州市知识产权保护指标指数为0.6676，位居江苏省第4位，较2019年下降2位。知识产权保护-行政执法和知识产权保护-维权援助2项二级指标均位居江苏省第5位，较2019年分别下降1位和3位。5项三级指标江苏省排名较2019年均有所卜降，降幅在1~2个位次。

2020年，苏州市知识产权环境指标指数为0.8564，位居江苏省第2位。知识产权环境-管理、知识产权环境-服务和知识产权环境-人才3项二级指标分别位居江苏省第1、第8和第1位，其中，知识产权环境-服务指标排名较2019年下降2位。12项三级指标中，10项指标位居江苏省前三位，7项指标位居江苏省首位（表5-5）。

表 5-5　苏州市知识产权实力分项指标指数

序号	指标	2020 年		2019 年	
		指数	排名	指数	排名
	知识产权实力指数	**0.7893**	**2**	**0.8018**	**2**
	知识产权创造	**0.8507**	**2**	**0.8609**	**2**
	数量	0.8765	1	0.8828	1
1	专利授权量	1.0000	1	1.0000	1
2	发明专利授权量	0.8420	2	0.8397	2
3	PCT 国际专利申请量	1.0000	1	1.0000	1
4	商标注册量	1.0000	1	1.0000	1
5	地理标志商标数量	0.6107	5	0.6107	5
6	集成电路布图设计登记发证数量	0.8233	3	0.8679	2
	质量	0.7365	2	0.7561	2
7	发明专利授权量占比	0.6000	7	0.5979	8
8	发明专利授权率	0.5794	8	0.6056	5
9	高价值发明专利拥有量	0.9256	2	/	/
10	专利获奖数量	1.0000	1	1.0000	1
11	马德里商标国际注册申请量	0.8359	2	0.8372	2
	效率	0.8991	1	0.9058	1
12	每万人口发明专利拥有量	0.9092	2	0.9217	2
13	每百亿元 GDP 专利申请量	1.0000	1	1.0000	1
14	每十亿元 GDP 发明专利拥有量	0.8210	2	0.8577	2
15	每百亿元 GDP 高维持年限发明专利拥有量	1.0000	1	0.9125	2
16	万企有效注册商标企业数	0.7755	2	0.8360	3
17	每万户企业注册商标拥有量	1.0000	1	1.0000	1
	知识产权运用	**0.7210**	**2**	**0.6980**	**3**
	数量	0.6474	2	0.6479	2
18	专利实施许可合同备案量	0.6251	6	0.6195	2
19	专利实施许可合同备案涉及专利量	0.6431	3	0.6821	2

序号	指标	2020 年		2019 年	
		指数	排名	指数	排名
20	知识产权质押项目数	0.6328	4	0.6269	5
21	知识产权技术合同成交数量	0.7023	2	0.6650	2
	效果	0.8438	3	0.7814	3
22	知识产权技术合同成交金额	1.0000	1	1.0000	1
23	专利质押融资金额	0.7396	3	0.6357	5
24	商标质押融资金额	1.0000	1	1.0000	1
	知识产权保护	**0.6676**	**4**	**0.7288**	**2**
	行政执法	0.6839	5	0.7440	4
25	查处专利侵权纠纷和假冒专利案件量	0.5564	9	0.6000	7
26	商标行政执法案件数量	0.9675	2	1.0000	1
27	"正版正货"承诺企业数量	0.4833	8	0.6000	7
	维权援助	0.6404	5	0.7035	2
28	维权援助中心及分支机构数量	0.6286	3	1.0000	1
29	维权援助中心举报投诉受理量	0.6581	5	0.2588	4
	知识产权环境	**0.8564**	**2**	**0.8602**	**2**
	管理	0.9226	1	0.9080	1
30	知识产权专项经费投入	1.0000	1	1.0000	1
31	知识产权管理机构人员数	0.7818	2	0.7818	2
32	国家知识产权试点示范园区数	1.0000	1	／	／
33	知识产权贯标企业数量	0.7923	3	0.7121	2
34	知识产权战略推进计划项目数	1.0000	1	1.0000	1
	服务	0.6060	8	0.6514	6
35	专利申请代理率	0.5789	9	0.6569	5
36	商标申请代理率	0.5574	9	0.6000	7
37	知识产权服务机构数量	1.0000	1	1.0000	1
	人才	0.9873	1	0.9900	1
38	知识产权专业人才培训人数	1.0000	1	1.0000	1

续表

序号	指标	2020 年		2019 年	
		指数	排名	指数	排名
39	中小学知识产权教育试点学校数量	1.0000	1	/	/
40	通过全国专利代理师资格考试人数	1.0000	1	0.9744	2
41	知识产权领军及骨干人才数量	0.8981	2	0.9458	2

六、南通市知识产权实力分项指标分析

2020 年南通市知识产权实力指数为 0.6623，位居江苏省第 5 位。如图 5-6 所示，南通市知识产权创造、知识产权运用、知识产权保护和知识产权环境 4 项一级指标发展不均衡，知识产权保护指标指数高于知识产权创造、知识产权运用和知识产权环境 3 项指标指数。

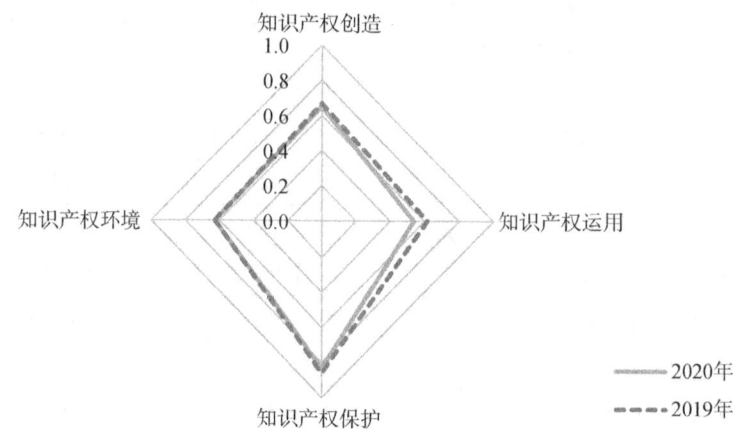

图 5-6 2019—2020 年南通市知识产权实力一级指标指数

2020 年，南通市知识产权创造指标指数为 0.6566，位居江苏省第 5 位。

知识产权创造-数量、知识产权创造-质量和知识产权创造-效率3项二级指标分别位居江苏省第4、第6和第5位，其中，知识产权创造-效率指标排名较2019年上升1位。17项三级指标中，每百亿元GDP高维持年限发明专利拥有量指标位居江苏省第3位，较2019年提升2位；每万户企业注册商标拥有量指标位居江苏省第6位，较2019年下降1位。截至2020年年底，南通市有效发明专利量26 961件，同比增长23.63%。从技术领域小类来看，有效发明专利量前三位的技术领域分别是机器工具2406件，电机、电气装置、电能1832件，药品1676件，合计5914件，占南通市有效发明专利总量的21.94%。从重点企业专利权人来看，有效发明专利量前三位的企业分别是海门黄海创业园服务有限公司312件、通富微电子股份有限公司239件、海门市彼维知识产权服务有限公司208件。从13个先进制造业集群龙头骨干企业来看，集成电路领域龙头骨干企业有效发明专利量最多，分别是通富微电子股份有限公司239件、大唐恩智浦半导体有限公司15件、江苏华存电子科技有限公司3件。

从先进制造业集群发明专利授权量来看，2020年南通市高端纺织产业集群发明专利授权量70件，仅次于苏州市、无锡市，位居江苏省第2位，其中，纺织纤维、纺织机械领域发明专利授权量分别达到19件、23件，均位列江苏省第2位。从重点企业来看，东丽纤维研究所（中国）有限公司、江苏恒科新材料有限公司2020年度高端纺织产业发明专利授权量分别为14件和11件。高端纺织业是南通市最具识别度和标志性的支柱产业、富民产业，截至2020年年底，南通市共有规模以上纺织企业1066家，从业人员67.2万人，各类企业和工商户8.5万户，形成了家纺、棉纺织、服装、化纤、丝绸和印染等门类齐全、配套完善的现代纺织工业体系，产品畅销全球150多个国家和地区。

2020 年，南通市知识产权运用指标指数为 0.5377，位居江苏省第 6 位，较 2019 年下降 2 位。知识产权运用-数量和知识产权运用-效果 2 项二级指标分别位居江苏省第 9、第 4 位，其中，知识产权运用-数量指标排名较 2019 年下降 5 位。7 项三级指标中，知识产权技术合同成交数量指标位居江苏省第 3 位，较 2019 年上升 2 位；专利实施许可合同备案涉及专利量指标位居江苏省第 11 位，较 2019 年下降 4 位。

2020 年，南通市知识产权保护指标指数为 0.8359，位居江苏省首位。知识产权保护-行政执法和知识产权保护-维权援助 2 项二级指标分别位居江苏省第 1 和第 4 位，其中，知识产权保护-维权援助指标排名较 2019 年下降 3 位。5 项三级指标中，商标行政执法案件数量指标位居江苏省首位，较 2019 年上升 1 位；维权援助中心举报投诉受理量指标位居江苏省第 3 位，较 2019 年下降 2 位。

2020 年，南通市知识产权环境指标指数为 0.6245，位居江苏省第 5 位。知识产权环境-管理、知识产权环境-服务和知识产权环境-人才 3 项二级指标分别位居江苏省第 5、第 11 和第 4 位，较 2019 年分别下降 1 位、下降 2 位、上升 3 位。12 项三级指标中，知识产权领军及骨干人才数量指标位居江苏省第 6 位，较 2019 年下降 2 位（表 5-6）。

表 5-6 南通市知识产权实力分项指标指数

序号	指标	2020 年		2019 年	
		指数	排名	指数	排名
	知识产权实力指数	**0.6623**	**5**	**0.6867**	**5**
	知识产权创造	**0.6566**	**5**	**0.6675**	**5**
	数量	0.6242	4	0.6218	4
1	专利授权量	0.6118	5	0.6252	5

序号	指标	2020 年		2019 年	
		指数	排名	指数	排名
2	发明专利授权量	0.6054	6	0.6000	7
3	PCT 国际专利申请量	0.6275	5	0.6376	5
4	商标注册量	0.6134	5	0.6076	5
5	地理标志商标数量	0.6500	3	0.6321	3
6	集成电路布图设计登记发证数量	0.6476	4	0.6300	4
	质量	0.6565	6	0.6561	6
7	发明专利授权量占比	0.6262	4	0.6384	4
8	发明专利授权率	0.7518	5	0.6000	7
9	高价值发明专利拥有量	0.6556	4	/	/
10	专利获奖数量	0.6800	5	0.6800	5
11	马德里商标国际注册申请量	0.6071	6	0.6056	6
	效率	0.6660	5	0.6863	6
12	每万人口发明专利拥有量	0.7017	6	0.7043	6
13	每百亿元 GDP 专利申请量	0.4345	11	0.4851	11
14	每十亿元 GDP 发明专利拥有量	0.6587	4	0.7047	6
15	每百亿元 GDP 高维持年限发明专利拥有量	0.8449	3	0.7800	5
16	万企有效注册商标企业数	0.6678	4	0.7295	5
17	每万户企业注册商标拥有量	0.6056	6	0.6472	5
	知识产权运用	**0.5377**	**6**	**0.6199**	**4**
	数量	0.4594	9	0.6131	4
18	专利实施许可合同备案量	0.5333	8	0.6038	4
19	专利实施许可合同备案涉及专利量	0.1317	11	0.6000	7
20	知识产权质押项目数	0.6231	5	0.6341	3
21	知识产权技术合同成交数量	0.6182	3	0.6191	5
	效果	0.6683	4	0.6312	4
22	知识产权技术合同成交金额	0.7139	3	0.6983	4

续表

序号	指标	2020 年		2019 年	
		指数	排名	指数	排名
23	专利质押融资金额	0.6487	5	0.6000	7
24	商标质押融资金额	0.6651	3	0.6373	2
	知识产权保护	**0.8359**	**1**	**0.8593**	**1**
	行政执法	0.9190	1	0.8470	1
25	查处专利侵权纠纷和假冒专利案件量	1.0000	1	1.0000	1
26	商标行政执法案件数量	1.0000	1	0.8000	2
27	"正版正货"承诺企业数量	0.7106	5	0.7106	4
	维权援助	0.6975	4	0.8800	1
28	维权援助中心及分支机构数量	0.6286	3	0.8000	3
29	维权援助中心举报投诉受理量	0.8009	3	1.0000	1
	知识产权环境	**0.6245**	**5**	**0.6194**	**5**
	管理	0.6447	5	0.6699	4
30	知识产权专项经费投入	0.6541	4	0.6545	3
31	知识产权管理机构人员数	0.4364	12	0.4364	12
32	国家知识产权试点示范园区数	0.8286	2	/	/
33	知识产权贯标企业数量	0.6000	7	0.6028	6
34	知识产权战略推进计划项目数	0.6743	4	0.7474	4
	服务	0.5246	11	0.5200	9
35	专利申请代理率	0.5276	11	0.5285	11
36	商标申请代理率	0.5072	11	0.4998	11
37	知识产权服务机构数量	0.6399	6	0.6450	6
	人才	0.6942	4	0.6049	7
38	知识产权专业人才培训人数	0.5818	8	0.5827	8
39	中小学知识产权教育试点学校数量	1.0000	1	/	/
40	通过全国专利代理师资格考试人数	0.6128	6	0.6000	6
41	知识产权领军及骨干人才数量	0.6132	6	0.6136	4

七、连云港市知识产权实力分项指标分析

2020 年连云港市知识产权实力指数为 0.3637，位居江苏省第 12 位，较 2019 年下降 1 位。如图 5-7 所示，连云港市知识产权创造、知识产权运用、知识产权保护和知识产权环境 4 项一级指标发展不均衡，知识产权创造和知识产权环境指标指数要高于知识产权运用和知识产权保护指标指数。

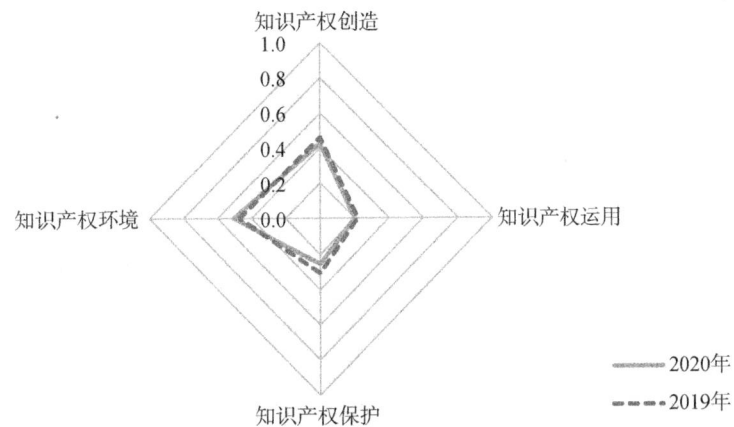

图 5-7　2019—2020 年连云港市知识产权实力一级指标指数

2020 年，连云港市知识产权创造指标指数为 0.4319，位居江苏省第 11 位，较 2019 年下降 1 位。知识产权创造-数量、知识产权创造-质量和知识产权创造-效率 3 项二级指标分别位居江苏省第 12、第 8 和第 11 位，其中，知识产权创造-数量和知识产权创造-效率指标排名较 2019 年均下降 1 位。17 项三级指标中，每万户企业注册商标拥有量指标位居江苏省第 5 位，较 2019 年上升 3 位；马德里商标国际注册申请量指标位居江苏省第 13 位，较 2019 年下降 6 位。截至 2020 年年底，连云港市有效发明专利量 3917 件，同

比增长 18.27%。从技术领域小类来看，有效发明专利量前三位的技术领域分别是有机精细化学 765 件，药品 476 件，材料、冶金 236 件，合计 1477 件，占连云港市有效发明专利总量的 37.71%。从重点企业专利权人来看，有效发明专利量前三位的企业分别是江苏康缘药业股份有限公司 395 件、正大天晴药业集团股份有限公司 209 件、江苏豪森药业集团有限公司 181 件。从 13 个先进制造业集群龙头骨干企业来看，生物医药和新型医疗器械领域龙头骨干企业有效发明专利量最多，分别是正大天晴药业集团股份有限公司 209 件、江苏豪森药业集团有限公司 181 件、江苏恒瑞医药股份有限公司 178 件。

从先进制造业集群发明专利授权量来看，2020 年连云港市生物医药产业集群发明专利授权量 127 件，仅次于南京市、苏州市、无锡市，位居江苏省第 4 位，其中，化学药发明专利授权量达到 109 件，位列江苏省第 2 位。从重点企业来看，江苏恒瑞医药股份有限公司、正大天晴药业集团股份有限公司和江苏康缘药业股份有限公司 2020 年度生物医药产业发明专利授权量分别为 37 件、35 件和 32 件。作为我国医药领域创新能力最强、民营企业主导的产业集聚区、我国新时代生物医药领域"创新驱动发展"的代表，连云港市已成为国内一流的肿瘤药物、肝病药物、神经系统药物、麻醉药物等创新药物研发生产基地，拥有"中华药港""国家产业集群区域品牌""五星级国家新型工业化产业示范基地（医药）"等称号，生物医药及高端医疗器械产业发展正在形成具有全球竞争力和影响力的集群。江苏恒瑞医药股份有限公司、正大天晴药业集团股份有限公司、江苏豪森药业集团有限公司和江苏康缘集团有限责任公司位列中国医药创新力前 5 强。连云港市承担了国家重大新药创制专项超百个，累计获国家科技进步奖 7 项，中国专利金奖 6 项。2020 年，连云港市生物医药产业实现产值 607 亿元，同比增长 2.60%。截至 2020 年年底，全市共有 11 个 1 类新药获批上市，占江苏省 52.40%，占全国 13.60%，居全国城市首位。

2020 年，连云港市知识产权运用指标指数为 0.1975，位居江苏省第 13 位，较 2019 年下降 2 位。知识产权运用-数量和知识产权运用-效果 2 项二级指标分别位居江苏省第 13 和第 11 位，较 2019 年分别下降 2 位和 3 位。7 项三级指标中，专利实施许可合同备案涉及专利量指标排名较 2019 年上升 3 位，其他 6 项指标排名较 2019 年度均有所下降，降幅在 1~2 个位次。

2020 年，连云港市知识产权保护指标指数为 0.2590，位居江苏省第 13 位，较 2019 年下降 1 位。知识产权保护-行政执法和知识产权保护-维权援助 2 项二级指标均位居江苏省第 12 位，较 2019 年均下降 1 位。5 项三级指标中，"正版正货"承诺企业数量指标排名较 2019 年保持不变，其他 4 项指标排名较 2019 年均有所下降，降幅在 1~3 个位次。

2020 年，连云港市知识产权环境指标指数为 0.4983，位居江苏省第 11 位。知识产权环境-管理、知识产权环境-服务和知识产权环境-人才 3 项二级指标指数分别位居江苏省第 13、第 3 和第 6 位，较 2019 年分别下降 1 位、上升 1 位、上升 5 位。12 项三级指标中，知识产权专业人才培训人数指标位居江苏省第 5 位，较 2019 年上升 5 位；知识产权贯标企业数量指标位居江苏省第 13 位，较 2019 年下降 3 位（表 5-7）。

表 5-7　连云港市知识产权实力分项指标指数

序号	指标	2020 年		2019 年	
		指数	排名	指数	排名
	知识产权实力指数	0.3637	12	0.3857	11
	知识产权创造	0.4319	11	0.4674	10
	数量	0.3413	12	0.3657	11

序号	指标	2020 年		2019 年	
		指数	排名	指数	排名
1	专利授权量	0.1767	13	0.1933	13
2	发明专利授权量	0.1496	12	0.1375	12
3	PCT 国际专利申请量	0.3888	10	0.6000	7
4	商标注册量	0.6000	7	0.4048	9
5	地理标志商标数量	0.4400	10	0.4714	8
6	集成电路布图设计登记发证数量	0.6000	7	0.6072	6
	质量	0.5045	8	0.5762	8
7	发明专利授权量占比	0.5896	8	0.6000	7
8	发明专利授权率	0.8834	3	1.0000	1
9	高价值发明专利拥有量	0.2717	11	/	/
10	专利获奖数量	0.3333	8	0.3333	8
11	马德里商标国际注册申请量	0.1950	13	0.6000	7
	效率	0.4226	11	0.4436	10
12	每万人口发明专利拥有量	0.2464	11	0.2763	11
13	每百亿元 GDP 专利申请量	0.3519	13	0.3281	13
14	每十亿元 GDP 发明专利拥有量	0.3077	11	0.3788	11
15	每百亿元 GDP 高维持年限发明专利拥有量	0.5075	8	0.6000	7
16	万企有效注册商标企业数	0.6627	5	0.6119	6
17	每万户企业注册商标拥有量	0.6477	5	0.5941	8
	知识产权运用	**0.1975**	**13**	**0.2210**	**11**
	数量	0.2108	13	0.1553	11
18	专利实施许可合同备案量	0.0667	13	0.0000	11
19	专利实施许可合同备案涉及专利量	0.2488	8	0.0000	11
20	知识产权质押项目数	0.4213	11	0.5333	9
21	知识产权技术合同成交数量	0.1069	13	0.1364	12
	效果	0.1754	11	0.3306	8

续表

序号	指标	2020 年		2019 年	
		指数	排名	指数	排名
22	知识产权技术合同成交金额	0.4075	8	0.6000	7
23	专利质押融资金额	0.0937	10	0.2843	8
24	商标质押融资金额	0.0785	8	0.0000	6
	知识产权保护	**0.2590**	**13**	**0.3089**	**12**
	行政执法	0.3604	12	0.4402	11
25	查处专利侵权纠纷和假冒专利案件量	0.3696	12	0.3117	9
26	商标行政执法案件数量	0.3074	12	0.5328	9
27	"正版正货"承诺企业数量	0.4167	10	0.4862	10
	维权援助	0.0900	12	0.0900	11
28	维权援助中心及分支机构数量	0.1500	12	0.1500	11
29	维权援助中心举报投诉受理量	0.0000	8	0.0000	6
	知识产权环境	**0.4983**	**11**	**0.4635**	**11**
	管理	0.3346	13	0.3732	12
30	知识产权专项经费投入	0.3320	13	0.2909	11
31	知识产权管理机构人员数	0.6000	7	0.6000	7
32	国家知识产权试点示范园区数	0.2000	12	/	/
33	知识产权贯标企业数量	0.3992	13	0.4324	10
34	知识产权战略推进计划项目数	0.2480	12	0.3321	12
	服务	0.7825	3	0.7696	4
35	专利申请代理率	1.0000	1	1.0000	1
36	商标申请代理率	0.7696	5	0.7536	4
37	知识产权服务机构数量	0.4378	10	0.4200	10
	人才	0.5934	6	0.3295	11
38	知识产权专业人才培训人数	0.6575	5	0.4317	10
39	中小学知识产权教育试点学校数量	0.6000	6	/	/
40	通过全国专利代理师资格考试人数	0.3750	11	0.3000	9
41	知识产权领军及骨干人才数量	0.5419	8	0.2667	9

八、淮安市知识产权实力分项指标分析

2020 年淮安市知识产权实力指数为 0.3644，位居江苏省第 11 位，排名较 2019 年上升 1 位。如图 5-8 所示，淮安市知识产权创造、知识产权运用、知识产权保护和知识产权环境 4 项一级指标发展较为均衡。

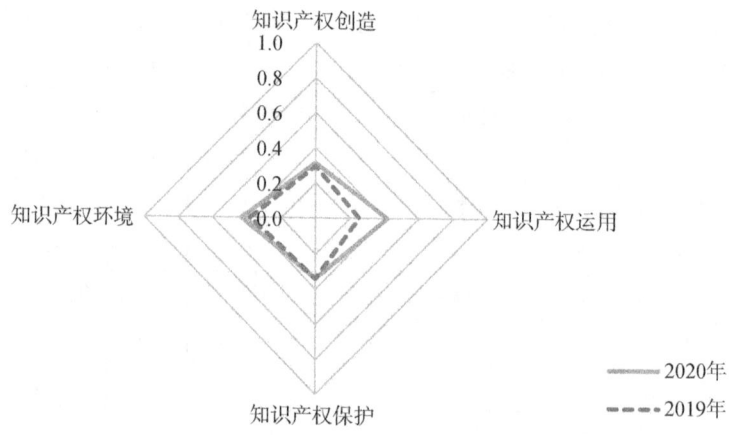

图 5-8　2019—2020 年淮安市知识产权实力一级指标指数

2020 年，淮安市知识产权创造指标指数为 0.3157，位居江苏省第 12 位。知识产权创造-数量、知识产权创造-质量和知识产权创造-效率 3 项二级指标分别位居江苏省第 11、第 12 和第 13 位，其中，知识产权创造-数量指标排名较 2019 年上升 1 位，知识产权创造-效率指标排名较 2019 年下降 1 位。17 项三级指标中，集成电路布图设计登记发证数量指标位居江苏省第 9 位，较 2019 年上升 1 位；每万户企业注册商标拥有量指标位居江苏省第 9 位，较 2019 年下降 3 位。截至 2020 年年底，淮安市有效发明专利量 3420 件，同比增长 33.54%。从技术领域小类来看，有效发明专利量前三位的技术领域分别是有机精细化学 244 件，电机、电气装置、电能 236 件，机器工具 219 件，合计 699 件，占淮安市有效发明专利总量的 20.44%。从重点企业专利权人来看，有效发明专利量前三位的企业分别是德淮半导体有限公司 65 件、江苏世澳非金属应用科技有限公司 60 件、江苏天士力帝益药业有限公司 52 件。从 13 个先进制造业集群龙头骨干企业来看，集成电路领域龙头骨干企业有效发明专利量最多，分别是德淮半导体有限公司 65 件、江苏纳沛斯半导体有限公司 7 件。

从先进制造业集群发明专利授权量来看，2020 年淮安市绿色食品产业集群发明专利授权量 46 件，位列江苏省第 11 位，其中，酒与饮料领域发明专利授权量均达到 40 件，均位列江苏省第 5 位。从重点企业来看，江苏今世缘酒业股份有限公司 2020 年度绿色食品产业发明专利授权量为 20 件。淮安市在发展绿色食品产业方面具有得天独厚的原料优势，涟水县的酿酒、清江浦区的红椒、洪泽区的大闸蟹、盱眙县的小龙虾和稻虾米及多品种食用菌都名扬天下。淮安市绿色食品产业 2020 年实现规模以上工业销售 350 亿元，同比增长 10.00%，主营业务收入占江苏省 11.20%。淮安市正在打造产地品牌优势显著的全国知名绿色食品产业集群，全力向千亿级中国食品名城目标迈进。

2020 年，淮安市知识产权运用指标指数为 0.4153，位居江苏省第 8 位，较 2019 年上升 2 位。知识产权运用-数量和知识产权运用-效果 2 项二级指标分别位居江苏省第 6 和第 10 位，较 2019 年分别上升 4 位和 3 位。7 项三级指标中，专利实施许可合同备案量指标位居江苏省第 4 位，较 2019 年上升 4 位；知识产权技术合同成交数量指标位居江苏省第 11 位，较 2019 年下降 3 位。

2020 年，淮安市知识产权保护指标为 0.3399，位居江苏省第 11 位，较 2019 年下降 1 位。知识产权保护-行政执法和知识产权保护-维权援助 2 项二级指标分别位居江苏省第 11 和第 10 位，较 2019 年分别下降 3 位和上升 1 位。5 项三级指标中，维权援助中心及分支机构数量指标位居江苏省第 8 位，较 2019 年上升 3 位；商标行政执法案件数量指标位居江苏省第 13 位，较 2019 年下降 8 位。

2020 年，淮安市知识产权环境指标指数为 0.4354，位居江苏省第 12 位。知识产权环境-管理、知识产权环境-服务和知识产权环境-人才 3 项二级指标分别位居江苏省第 11、第 9 和第 12 位，其中，知识产权环境-管理指标排名较 2019 年上升 2 位，知识产权环境-服务指标排名较 2019 年上升 1 位。12 项三级指标中，知识产权贯标企业数量指标位居江苏省第 8 位，较 2019 年上升 5 位；知识产权领军及骨干人才数量指标位居江苏省第 11 位，较 2019 年下降 3 位（表 5-8）。

表 5-8　淮安市知识产权实力分项指标指数

序号	指标	2020 年		2019 年	
		指数	排名	指数	排名
	知识产权实力指数	**0.3644**	**11**	**0.3152**	**12**
	知识产权创造	**0.3157**	**12**	**0.2998**	**12**
	数量	0.3424	11	0.3117	12
1	专利授权量	0.2580	12	0.2931	12
2	发明专利授权量	0.1851	11	0.1378	11
3	PCT 国际专利申请量	0.2143	12	0.1858	12
4	商标注册量	0.2711	12	0.3111	11
5	地理标志商标数量	1.0000	1	1.0000	1
6	集成电路布图设计登记发证数量	0.2113	9	0.0387	10
	质量	0.3477	12	0.2772	12

序号	指标	2020 年		2019 年	
		指数	排名	指数	排名
7	发明专利授权量占比	0.4994	11	0.3964	11
8	发明专利授权率	0.4819	11	0.2965	12
9	高价值发明专利拥有量	0.1759	12	／	／
10	专利获奖数量	0.0000	13	0.0000	13
11	马德里商标国际注册申请量	0.3300	10	0.3600	11
	效率	0.2924	13	0.3073	12
12	每万人口发明专利拥有量	0.1967	12	0.1960	12
13	每百亿元 GDP 专利申请量	0.3760	12	0.4150	12
14	每十亿元 GDP 发明专利拥有量	0.2187	12	0.2377	12
15	每百亿元 GDP 高维持年限发明专利拥有量	0.1991	12	0.2073	12
16	万企有效注册商标企业数	0.4280	13	0.4377	13
17	每万户企业注册商标拥有量	0.5735	9	0.6135	6
	知识产权运用	**0.4153**	**8**	**0.2529**	**10**
	数量	0.5443	6	0.3646	10
18	专利实施许可合同备案量	0.6285	4	0.5000	8
19	专利实施许可合同备案涉及专利量	0.6000	7	0.2143	8
20	知识产权质押项目数	0.6028	6	0.3111	10
21	知识产权技术合同成交数量	0.2785	11	0.4497	8
	效果	0.2003	10	0.0667	13
22	知识产权技术合同成交金额	0.0289	12	0.0286	13
23	专利质押融资资金额	0.1876	8	0.0985	12
24	商标质押融资资金额	0.6000	7	0.0000	6
	知识产权保护	**0.3399**	**11**	**0.3463**	**10**
	行政执法	0.3638	11	0.5000	8
25	查处专利侵权纠纷和假冒专利案件量	0.3851	11	0.3103	10
26	商标行政执法案件数量	0.2593	13	0.6240	5

序号	指标	2020 年		2019 年	
		指数	排名	指数	排名
27	"正版正货"承诺企业数量	0.4708	9	0.5845	8
	维权援助	0.3000	10	0.0900	11
28	维权援助中心及分支机构数量	0.5000	8	0.1500	11
29	维权援助中心举报投诉受理量	0.0000	8	0.0000	6
	知识产权环境	**0.4354**	**12**	**0.3772**	**12**
	管理	0.3863	11	0.3435	13
30	知识产权专项经费投入	0.4884	9	0.1918	12
31	知识产权管理机构人员数	0.4364	12	0.4364	12
32	国家知识产权试点示范园区数	0.4000	8	/	/
33	知识产权贯标企业数量	0.5364	8	0.1853	13
34	知识产权战略推进计划项目数	0.2800	11	0.3643	11
	服务	0.5445	9	0.5186	10
35	专利申请代理率	0.5500	10	0.5790	8
36	商标申请代理率	0.5766	8	0.5397	9
37	知识产权服务机构数量	0.3081	13	0.2500	13
	人才	0.4341	12	0.2933	12
38	知识产权专业人才培训人数	0.5455	12	0.4187	11
39	中小学知识产权教育试点学校数量	0.3600	11	/	/
40	通过全国专利代理师资格考试人数	0.3000	12	0.1667	12
41	知识产权领军及骨干人才数量	0.2710	11	0.3333	8

九、盐城市知识产权实力分项指标分析

2020 年盐城市知识产权实力指数为 0.4868，位居江苏省第 10 位。如图 5-9 所示，盐城市知识产权创造、知识产权运用、知识产权保护和知识产权环境 4 项一级指标发展不均衡，知识产权保护指标指数高于知识产权创造、知识产权运用和知识产权环境指标指数。

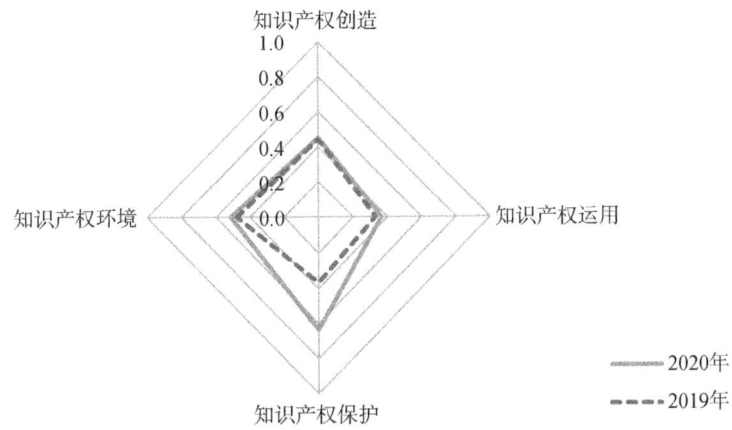

图 5-9　2019—2020 年盐城市知识产权实力一级指标指数

2020 年，盐城市知识产权创造指标指数为 0.4571，位居江苏省第 10 位，较 2019 年上升 1 位。知识产权创造-数量、知识产权创造-质量和知识产权创造-效率 3 项二级指标分别位居江苏省第 7、第 10 和第 10 位，排名较 2019 年分别下降 1 位、下降 1 位、上升 1 位。17 项三级指标中，发明专利授权量占比指标位居江苏省第 5 位，较 2019 年上升 4 位；马德里商标国际注册申请量指标位居江苏省第 12 位，较 2019 年下降 4 位。截至 2020 年年底，盐城市有效发明专利量 10 362 件，同比增长 54.08%。从技术领域小类来看，有效发明专利量前三位的技术领域分别是机器工具 1028 件，化学工程 720 件，电机、电气装置、电能 676 件，合计 2424 件，占盐城市有效发明专利总量的 23.39%。从重点企业专利权人来看，有效发明专利量前三位的企业分别是江苏金风科技有限公司 116 件、江苏辉丰农化股份有限公司 71 件、东台海滨科技创业园管理有限公司 60 件。从 13 个先进制造业集群龙头骨干企业来看，节能环保领域龙头骨干企业有效发明专利量最多，分别是盐城市兰丰环境工程科技有限公司 31 件、江苏科行环保股份有限公司 28 件。

从先进制造业集群发明专利授权量来看，2020 年盐城市汽车及零部件（含新能源汽车）产业集群发明专利授权量 79 件，位居江苏省第 6 位，其中，新能源汽车领域发明专利授权量达到 51 件，位居江苏省第 6 位。从重点企业来看，华人运通（江苏）技术有限公司 2020 年度汽车及零部件（含新能源汽车）产业发明专利授权量为 28 件。盐城市是江苏省最大的汽车制造基地，华人运通（江苏）技术有限公司、摩登汽车（盐城）有限公司等新能源汽车相继下线，国家级新能源汽车研发中心和新车试车场相继投运，助推企业抢占新能源商机。中韩（盐城）产业园的东风悦达起亚累计产销超 500 万台，在合资车企中率先实现整车出口，带动伟巴斯特车顶系统（盐城）有限公司、利富高（盐城）精密树脂制品有限公司等 800 多家零部件企业落户。

2020 年，盐城市知识产权运用指标指数为 0.3647，位居江苏省第 9 位，较 2019 年下降 1 位。知识产权运用-数量和知识产权运用-效果 2 项二级指标分别位居江苏省第 10 和第 6 位，较 2019 年分别下降 2 位和上升 4 位。7 项三级指标中，专利质押融资金额指标位居江苏省第 4 位，较 2019 年上升 5 位；专利实施许可合同备案涉及专利量指标位居江苏省第 13 位，较 2019 年下降 5 位。

2020 年，盐城市知识产权保护指标指数为 0.6406，位居江苏省第 6 位，较 2019 年上升 3 位。知识产权保护-行政执法和知识产权保护-维权援助 2 项二级指标分别位居江苏省第 9 和 3 位，较 2019 年均上升 3 位。5 项三级指标中，商标行政执法案件数量指标位居江苏省第 3 位，较 2019 年上升 6 位；

维权援助中心及分支机构数量指标位居江苏省第 5 位，较 2019 年下降 2 位。

2020 年，盐城市知识产权环境指标指数为 0.5146，位居江苏省第 10 位。知识产权环境–管理、知识产权环境–服务和知识产权环境–人才 3 项二级指标分别位居江苏省第 9、第 6 和第 13 位，排名较 2019 年分别上升 1 位、上升 2 位、下降 4 位。12 项三级指标中，知识产权贯标企业数量指标位居江苏省第 6 位，较 2019 年上升 6 位；知识产权专业人才培训人数指标位居江苏省第 11 位，较 2019 年下降 2 位（表 5-9）。

表 5-9　盐城市知识产权实力分项指标指数

序号	指标	2020 年		2019 年	
		指数	排名	指数	排名
	知识产权实力指数	**0.4868**	**10**	**0.4151**	**10**
	知识产权创造	**0.4571**	**10**	**0.4480**	**11**
	数量	0.4604	7	0.5235	6
1	专利授权量	0.4721	8	0.6000	7
2	发明专利授权量	0.4292	8	0.3830	8
3	PCT 国际专利申请量	0.4561	9	0.3135	11
4	商标注册量	0.4243	9	0.6004	6
5	地理标志商标数量	0.7357	2	0.7000	2
6	集成电路布图设计登记发证数量	0.2366	8	0.6144	5
	质量	0.4880	10	0.4513	9
7	发明专利授权量占比	0.6127	5	0.5384	9
8	发明专利授权率	0.5456	9	0.4592	9
9	高价值发明专利拥有量	0.4325	10	／	／
10	专利获奖数量	0.2000	10	0.2000	10
11	马德里商标国际注册申请量	0.2100	12	0.5400	8
	效率	0.4410	10	0.4246	11
12	每万人口发明专利拥有量	0.4079	10	0.3520	10

序号	指标	2020 年		2019 年	
		指数	排名	指数	排名
13	每百亿元 GDP 专利申请量	0.5483	9	0.5594	9
14	每十亿元 GDP 发明专利拥有量	0.4480	9	0.4233	9
15	每百亿元 GDP 高维持年限发明专利拥有量	0.3630	9	0.3224	10
16	万企有效注册商标企业数	0.4356	12	0.4595	12
17	每万户企业注册商标拥有量	0.5362	11	0.5722	9
	知识产权运用	**0.3647**	**9**	**0.3342**	**8**
	数量	0.2950	10	0.4061	8
18	专利实施许可合同备案量	0.2000	12	0.5000	8
19	专利实施许可合同备案涉及专利量	0.0439	13	0.2143	8
20	知识产权质押项目数	0.5489	8	0.5778	8
21	知识产权技术合同成交数量	0.4750	8	0.3373	9
	效果	0.4808	6	0.2143	10
22	知识产权技术合同成交金额	0.2772	10	0.2120	10
23	专利质押融资金额	0.6606	4	0.2575	9
24	商标质押融资金额	0.0785	8	0.0245	5
	知识产权保护	**0.6406**	**6**	**0.3727**	**9**
	行政执法	0.5690	9	0.3083	12
25	查处专利侵权纠纷和假冒专利案件量	0.4941	10	0.0137	13
26	商标行政执法案件数量	0.8239	3	0.5328	9
27	"正版正货"承诺企业数量	0.3375	11	0.3983	11
	维权援助	0.7600	3	0.4800	6
28	维权援助中心及分支机构数量	0.6000	5	0.8000	3
29	维权援助中心举报投诉受理量	1.0000	1	0.0000	6
	知识产权环境	**0.5146**	**10**	**0.4729**	**10**
	管理	0.4741	9	0.4440	10
30	知识产权专项经费投入	0.7070	3	0.6128	5

序号	指标	2020 年		2019 年	
		指数	排名	指数	排名
31	知识产权管理机构人员数	0.5455	9	0.5455	9
32	国家知识产权试点示范园区数	0.4000	8	/	/
33	知识产权贯标企业数量	0.6211	6	0.3309	12
34	知识产权战略推进计划项目数	0.3840	9	0.4500	9
	服务	0.6893	6	0.5734	8
35	专利申请代理率	0.7704	4	0.6480	6
36	商标申请代理率	0.7021	6	0.5769	8
37	知识产权服务机构数量	0.4378	10	0.4000	12
	人才	0.4078	13	0.4265	9
38	知识产权专业人才培训人数	0.5515	11	0.4446	9
39	中小学知识产权教育试点学校数量	0.1200	13	/	/
40	通过全国专利代理师资格考试人数	0.4875	9	0.3000	9
41	知识产权领军及骨干人才数量	0.3290	10	0.1333	13

十、扬州市知识产权实力分项指标分析

2020 年扬州市知识产权实力指数为 0.4925，位居江苏省第 9 位，较 2019 年下降 1 位。如图 5-10 所示，扬州市知识产权创造、知识产权运用、知识产权保护和知识产权环境 4 项一级指标发展较为均衡。

2020 年，扬州市知识产权创造指标指数为 0.4653，位居江苏省第 9 位，较 2019 年下降 1 位。知识产权创造-数量、知识产权创造-质量和知识产权创造-效率 3 项二级指标分别位居江苏省第 9、第 11 和第 9 位，其中，知识产权创造-数量指标排名较 2019 年下降 1 位，知识产权创造-效率指标排名

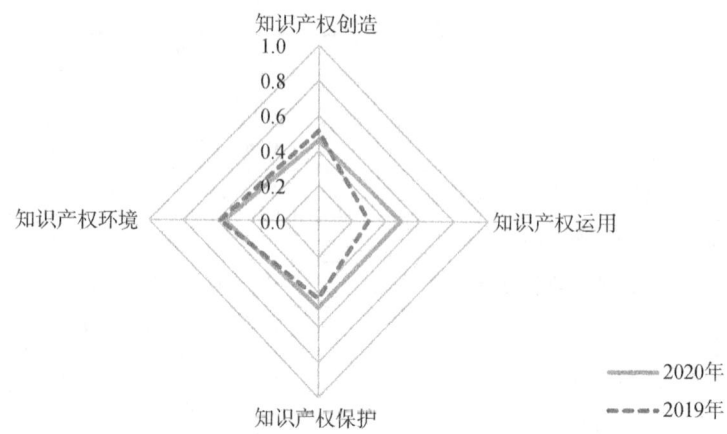

图 5-10　2019—2020 年扬州市知识产权实力一级指标指数

较 2019 年下降 2 位。17 项三级指标江苏省排名较 2019 年度保持不变或有所下降。截至 2020 年年底，扬州市有效发明专利量 8438 件，同比增长 22.68%。从技术领域小类来看，有效发明专利量前三位的技术领域分别是电机、电气装置、电能 1062 件，机器工具 830 件，土木工程 593 件，合计 2485 件，占扬州市有效发明专利总量的 29.45%。从重点企业专利权人来看，有效发明专利量前三位的企业分别是中国石化仪征化纤有限责任公司 87 件、江苏扬农化工集团有限公司 79 件、扬州乾照光电有限公司 79 件。从 13 个先进制造业集群龙头骨干企业来看，高端装备领域龙头骨干企业有效发明专利量最多，分别是扬力集团股份有限公司 54 件、江苏亚威机床股份有限公司 27 件。

从先进制造业集群发明专利授权量来看，2020 年扬州市新型电力（新能源）装备产业集群发明专利授权量 107 件，位居江苏省第 6 位，其中，光伏发电装备领域发明专利授权量达到 73 件，位列江苏省第 3 位。从重点企业来看，扬州乾照光电有限公司 2020 年度新型电力（新能源）装备产业发明专利授权量为 30 件。新型电力（新能源）装备产业是扬州市的传统优势产业，涵盖电线电缆、智能变配电、高电压实验装备、新能源等领域，2020年实现开票销售超千亿元，规模以上企业 361 家（其中新能源企业 72 家）。高邮特种电缆产业基地为国家火炬计划特色产业基地，扬州智能电网产业基地和宝应输变电装备产业基地为江苏省新型工业化产业示范基地，江都区武坚镇获批省智能高压电气小镇。

2020 年，扬州市知识产权运用指标指数为 0.4840，位居江苏省第 7 位，较 2019 年上升 2 位。知识产权运用-数量和知识产权运用-效果 2 项二级指标分别位居江苏省第 4 和第 8 位，较 2019 年分别上升 5 位和 3 位。7 项三级指标中，专利质押融资金额指标江苏省排名较 2019 年保持不变，其他 6 项指标江苏省排名较 2019 年度均有所提升。

2020 年，扬州市知识产权保护指标为 0.4912，位居江苏省第 9 位，较 2019 年下降 1 位。知识产权保护-行政执法和知识产权保护-维权援助 2 项二级指标均位居江苏省第 8 位，其中，知识产权保护-行政执法指标排名较 2019 年下降 1 位。5 项三级指标中，维权援助中心及分支机构数量指标位居江苏省第 5 位，较 2019 年上升 3 位；查处专利侵权纠纷和假冒专利案件量指标位居江苏省第 8 位，较 2019 年下降 3 位。

2020 年，扬州市知识产权环境指标指数为 0.5564，位居江苏省第 9 位，较 2019 年下降 2 位。知识产权环境-管理、知识产权环境-服务和知识产权环境-人才 3 项二级指标分别位居江苏省第 10、第 5 和第 5 位，较 2019 年分别下降 2 位、下降 2 位、上升 5 位。12 项三级指标中，知识产权专业人才培训人数指标位居江苏省第 7 位，较 2019 年上升 6 位；知识产权贯标企业数量指标位居江苏省第 12 位，较 2019 年下降 8 位（表 5-10）。

表 5-10　扬州市知识产权实力分项指标指数

序号	指标	2020 年		2019 年	
		指数	排名	指数	排名
	知识产权实力指数	**0.4925**	**9**	**0.4672**	**8**
	知识产权创造	**0.4653**	**9**	**0.5132**	**8**
	数量	0.4320	9	0.4423	8
1	专利授权量	0.6040	6	0.6185	6
2	发明专利授权量	0.3945	9	0.3543	9
3	PCT 国际专利申请量	0.3214	11	0.3987	10
4	商标注册量	0.3510	10	0.3447	10
5	地理标志商标数量	0.6357	4	0.6321	3
6	集成电路布图设计登记发证数量	0.1775	11	0.2129	8
	质量	0.4138	11	0.4190	11
7	发明专利授权量占比	0.4398	12	0.4177	10
8	发明专利授权率	0.5236	10	0.4188	10
9	高价值发明专利拥有量	0.4367	9	／	／
10	专利获奖数量	0.0667	12	0.0667	12
11	马德里商标国际注册申请量	0.7517	3	0.7488	3
	效率	0.5002	9	0.5797	7
12	每万人口发明专利拥有量	0.5265	9	0.5721	8
13	每百亿元 GDP 专利申请量	0.6101	6	0.7002	5
14	每十亿元 GDP 发明专利拥有量	0.3591	10	0.4223	10
15	每百亿元 GDP 高维持年限发明专利拥有量	0.3524	10	0.4394	9
16	万企有效注册商标企业数	0.6383	6	0.7514	4
17	每万户企业注册商标拥有量	0.5881	8	0.6937	4
	知识产权运用	**0.4840**	**7**	**0.2917**	**9**
	数量	0.6140	4	0.3952	9
18	专利实施许可合同备案量	0.7477	2	0.5000	8
19	专利实施许可合同备案涉及专利量	0.6074	5	0.2143	8

序号	指标	2020 年		2019 年	
		指数	排名	指数	排名
20	知识产权质押项目数	0.4723	9	0.3111	10
21	知识产权技术合同成交数量	0.6060	5	0.6025	6
	效果	0.2674	8	0.1192	11
22	知识产权技术合同成交金额	0.6000	7	0.2404	9
23	专利质押融资金额	0.0323	13	0.0918	13
24	商标质押融资金额	0.6598	4	0.0000	6
	知识产权保护	**0.4912**	**9**	**0.4352**	**8**
	行政执法	0.5700	8	0.5883	7
25	查处专利侵权纠纷和假冒专利案件量	0.5606	8	0.6962	5
26	商标行政执法案件数量	0.5259	9	0.4119	12
27	"正版正货"承诺企业数量	0.6387	6	0.6764	5
	维权援助	0.3600	8	0.1800	8
28	维权援助中心及分支机构数量	0.6000	5	0.3000	8
29	维权援助中心举报投诉受理量	0.0000	8	0.0000	6
	知识产权环境	**0.5564**	**9**	**0.5827**	**7**
	管理	0.4377	10	0.5794	8
30	知识产权专项经费投入	0.4201	11	0.6000	7
31	知识产权管理机构人员数	0.6727	5	0.6727	5
32	国家知识产权试点示范园区数	0.2000	12	/	/
33	知识产权贯标企业数量	0.4398	12	0.6623	4
34	知识产权战略推进计划项目数	0.4400	8	0.5786	8
	服务	0.7376	5	0.7855	3
35	专利申请代理率	0.6000	7	0.5668	9
36	商标申请代理率	0.7965	4	0.8745	3
37	知识产权服务机构数量	0.6000	7	0.6000	7
	人才	0.6565	5	0.3381	10
38	知识产权专业人才培训人数	0.6000	7	0.3799	13

续表

序号	指标	2020 年		2019 年	
		指数	排名	指数	排名
39	中小学知识产权教育试点学校数量	1.0000	1	/	/
40	通过全国专利代理师资格考试人数	0.6000	7	0.2333	11
41	知识产权领军及骨干人才数量	0.2516	12	0.2667	9

十一、镇江市知识产权实力分项指标分析

2020 年镇江市知识产权实力指数为 0.5478，位居江苏省第 6 位。如图 5-11 所示，镇江市知识产权创造、知识产权运用、知识产权保护和知识产权环境 4 项一级指标发展不均衡，知识产权创造、知识产权保护和知识产权环境指标指数高于知识产权运用指标指数。

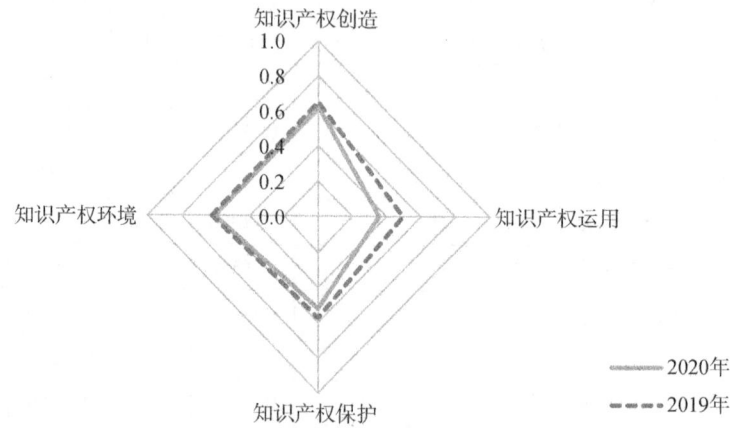

图 5-11　2019—2020 年镇江市知识产权实力一级指标指数

2020 年，镇江市知识产权创造指标指数为 0.6295，位居江苏省第 6 位。

知识产权创造-数量、知识产权创造-质量和知识产权创造-效率3项二级指标分别位居江苏省第8、第3和第6位,其中,知识产权创造-数量指标排名较2019年上升1位,知识产权创造-效率指标排名较2019年下降1位。17项三级指标中,马德里商标国际注册申请量指标位居江苏省第9位,较2019年上升3位;每万户企业注册商标拥有量指标位居江苏省第12位,较2019年下降1位。截至2020年年底,镇江市有效发明专利量13 358件,同比增长3.90%。从技术领域小类来看,有效发明专利量前三位的技术领域分别是电机、电气装置、电能1535件,机器工具1098件,其他特殊机械953件,合计3586件,占镇江市有效发明专利总量的26.85%。从重点企业专利权人来看,有效发明专利量前三位的企业分别是金东纸业(江苏)股份有限公司171件、江苏和成显示科技有限公司160件、江苏惠通集团有限责任公司89件。从13个先进制造业集群龙头骨干企业来看,新型显示领域龙头骨干企业江苏和成显示科技有限公司有效发明专利量最多,为160件。

从先进制造业集群发明专利授权量来看,2020年镇江市海工装备和高技术船舶产业集群发明专利授权量94件,仅次于南京市和无锡市,位居江苏省第3位,其中,高技术船舶领域发明专利授权量达到60件,位居江苏省第2位。从重点企业来看,江苏省镇江船厂(集团)有限公司、中船动力镇江有限公司2020年度海工装备和高技术船舶产业发明专利授权量分别为14件和11件。镇江市拥有61家船舶与海工装备制造及配套企业,拥有中船动力镇江有限公司、镇江赛尔尼柯电器有限公司、康士伯船舶电气(江苏)有限公司、镇江同舟螺旋桨有限公司等重点配套企业;船海科教资源全省领先,拥有江苏科技大学、海洋装备研究院等科研院所,拥有江苏省船舶设计研究所有限公司、江苏现代造船技术有限公司两家船舶设计甲级资质单位。2020 年，镇江市船舶与海洋工程装备产业实现主营业务收入256 亿元，同比增长 2.80%，产业规模稳步增长。

2020 年，镇江市知识产权运用指标指数为 0.3579，位居江苏省第 10 位，较 2019 年下降 3 位。知识产权运用-数量和知识产权运用-效果 2 项二级指标分别位居江苏省第 7 和第 13 位，其中，知识产权运用-效果指标较2019 年下降 6 位。7 项三级指标中，专利实施许可合同备案涉及专利量指标位居江苏省第 2 位，较 2019 年上升 4 位；专利质押融资金额指标位居江苏省第 11 位，较 2019 年下降 5 位。

2020 年，镇江市知识产权保护指标指数为 0.5235，位居江苏省第 8 位，较 2018 年下降 3 位。知识产权保护-行政执法和知识产权保护-维权援助 2 项二级指标分别位居江苏省第 7 和第 8 位，排名较 2019 年均下降 1 位。5 项三级指标中，"正版正货"承诺企业数量指标位居江苏省第 7 位，较 2019 年上升 2 位；商标行政执法案件数量指标位居江苏省第 10 位，较 2019 年下降 3 位。

2020 年，镇江市知识产权环境指标指数为 0.5986，位居江苏省第 6 位。知识产权环境-管理、知识产权环境-服务和知识产权环境-人才 3 项二级指标分别位居江苏省第 8、第 4 和第 7 位，较 2019 年分别下降 2 位、上升 3 位、下降 1 位。12 项三级指标中，商标申请代理率指标位居江苏省第 3 位，较 2019 年上升 3 位；知识产权贯标企业数量指标位居江苏省第 10 位，较2019 年下降 3 位（表 5-11）。

表 5-11　镇江市知识产权实力分项指标指数

序号	指标	2020 年		2019 年	
		指数	排名	指数	排名
	知识产权实力指数	**0.5478**	**6**	**0.6013**	**6**
	知识产权创造	**0.6295**	**6**	**0.6552**	**6**
	数量	0.4483	8	0.4121	9

序号	指标	2020 年		2019 年	
		指数	排名	指数	排名
1	专利授权量	0.4344	10	0.4826	9
2	发明专利授权量	0.6000	7	0.6002	6
3	PCT 国际专利申请量	0.6000	7	0.4994	8
4	商标注册量	0.2393	13	0.2531	13
5	地理标志商标数量	0.4400	10	0.4286	10
6	集成电路布图设计登记发证数量	0.2028	10	0.0000	12
	质量	0.6971	3	0.7023	3
7	发明专利授权量占比	0.7389	3	0.8538	3
8	发明专利授权率	0.9035	2	0.6170	4
9	高价值发明专利拥有量	0.6034	6	/	/
10	专利获奖数量	0.6000	7	0.6000	7
11	马德里商标国际注册申请量	0.4200	9	0.2400	12
	效率	0.6488	6	0.7024	5
12	每万人口发明专利拥有量	0.7332	4	0.7822	4
13	每百亿元 GDP 专利申请量	0.6283	5	0.7010	4
14	每十亿元 GDP 发明专利拥有量	0.7378	3	0.8316	3
15	每百亿元 GDP 高维持年限发明专利拥有量	0.6269	6	0.6591	6
16	万企有效注册商标企业数	0.5320	11	0.5590	10
17	每万户企业注册商标拥有量	0.5113	12	0.5462	11
	知识产权运用	**0.3579**	**10**	**0.4990**	**7**
	数量	0.5381	7	0.5530	7
18	专利实施许可合同备案量	0.6285	4	0.6163	3
19	专利实施许可合同备案涉及专利量	0.6472	2	0.6043	6
20	知识产权质押项目数	0.4596	10	0.6000	7
21	知识产权技术合同成交数量	0.3528	9	0.3360	10
	效果	0.0577	13	0.4091	7

序号	指标	2020 年		2019 年	
		指数	排名	指数	排名
22	知识产权技术合同成交金额	0.0066	13	0.1099	11
23	专利质押融资金额	0.0932	11	0.6329	6
24	商标质押融资金额	0.0000	10	0.0000	6
	知识产权保护	**0.5235**	**8**	**0.5784**	**5**
	行政执法	0.6215	7	0.6735	6
25	查处专利侵权纠纷和假冒专利案件量	0.7561	2	0.8364	2
26	商标行政执法案件数量	0.5037	10	0.6000	7
27	"正版正货"承诺企业数量	0.6000	7	0.5586	9
	维权援助	0.3600	8	0.4200	7
28	维权援助中心及分支机构数量	0.6000	5	0.7000	5
29	维权援助中心举报投诉受理量	0.0000	8	0.0000	6
	知识产权环境	**0.5986**	**6**	**0.6184**	**6**
	管理	0.5300	8	0.6210	6
30	知识产权专项经费投入	0.3920	12	0.3145	10
31	知识产权管理机构人员数	0.4909	10	0.4909	10
32	国家知识产权试点示范园区数	0.4000	8	/	/
33	知识产权贯标企业数量	0.4602	10	0.6000	7
34	知识产权战略推进计划项目数	0.6514	5	0.7316	5
	服务	0.7566	4	0.6194	7
35	专利申请代理率	0.7218	6	0.6000	7
36	商标申请代理率	0.8167	3	0.6548	6
37	知识产权服务机构数量	0.4054	12	0.4100	11
	人才	0.5898	7	0.6102	6
38	知识产权专业人才培训人数	0.6588	4	0.6000	7
39	中小学知识产权教育试点学校数量	0.4800	9	/	/
40	通过全国专利代理师资格考试人数	0.4875	9	0.6000	6
41	知识产权领军及骨干人才数量	0.6358	4	0.6000	7

十二、泰州市知识产权实力分项指标分析

2020 年泰州市知识产权实力指数为 0.4946，位居江苏省第 8 位，较 2019 年上升 1 位。如图 5-12 所示，泰州市知识产权创造、知识产权运用、知识产权保护和知识产权环境 4 项一级指标发展不均衡，知识产权创造、知识产权保护和知识产权环境 3 项指标指数要高于知识产权运用指标指数。

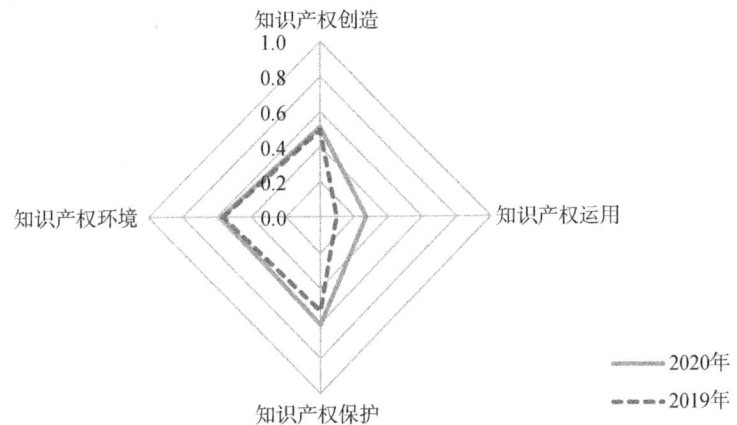

图 5-12　2019—2020 年泰州市知识产权实力一级指标指数

2020 年，泰州市知识产权创造指标指数为 0.5125，位居江苏省第 8 位，较 2019 年上升 1 位。知识产权创造-数量、知识产权创造-质量和知识产权创造-效率 3 项二级指标分别位居江苏省第 10、第 9 和第 7 位，其中，知识产权创造-质量和知识产权创造-效率 2 项指标较 2019 年均上升 1 位。17 项三级指标中，发明专利授权量占比指标位居江苏省第 9 位，较 2019 年上升 3 位；万企有效注册商标企业数指标位居江苏省第 10 位，较 2019 年下降 3 位。截至 2020 年年底，泰州市有效发明专利量 9801 件，同比增长 32.79%。从技术

领域小类来看，有效发明专利量前三位的技术领域分别是机器工具 1091 件、电机、电气装置、电能 759 件，土木工程 635 件，合计 2485 件，占泰州市有效发明专利总量的 25.35%。从重点企业专利权人来看，有效发明专利量前三位的企业分别是泰州市海通资产管理有限公司 200 件、泰州乐金电子冷机有限公司 114 件、扬子江药业集团有限公司 85 件、兴化市天东软件科技有限公司 85 件。从 13 个先进制造业集群龙头骨干企业来看，生物医药和新型医疗器械领域龙头骨干企业有效发明专利量最多，分别是扬子江药业集团有限公司 85 件、苏中药业集团股份有限公司 49 件、济川药业集团有限公司 42 件。

从先进制造业集群发明专利授权量来看，2020 年泰州市生物医药产业集群发明专利授权量 41 件，位居江苏省第 9 位，其中，化学药发明专利授权量达到 25 件，位列江苏省第 6 位。从重点企业来看，扬子江药业集团有限公司 2020 年度生物医药产业发明专利授权量为 15 件。泰州市的医药产业在全国地级市层面具有较强实力和竞争力，泰州医药高新技术产业开发区是全国首家国家级医药高新区，在国家级高新区中列第 74 位（全国共 169 家）。2020 年，泰州市医药产业规模以上企业实现产值 1190 亿元、销售 1172 亿元、利润 129 亿元，分别增长 17.14%、14.88% 和 35.22%，产值规模约占江苏省的 25.00%。

2020 年，泰州市知识产权运用指标指数为 0.2674，位居江苏省第 11 位，较 2019 年上升 2 位。知识产权运用-数量和知识产权运用-效果 2 项二级指标分别位居江苏省第 12 和第 9 位，其中，知识产权运用-效果指标排名较 2019 年上升 3 位。7 项三级指标中，知识产权技术合同成交金额指标位居江苏省第 6 位，较 2019 年上升 6 位；商标质押融资金额指标位居江苏省第 10 位，较 2019 年下降 4 位。

2020 年，泰州市知识产权保护指标指数为 0.6139，位居江苏省第 7 位。知识产权保护-行政执法和知识产权保护-维权援助 2 项二级指标均位居江苏省第 6 位，较 2019 年分别上升 4 位和下降 3 位。5 项三级指标中，查处专利侵权纠纷和假冒专利案件量指标位居江苏省第 7 位，较 2019 年上升 4 位；维权援助中心及分支机构数量指标位居江苏省第 9 位，较 2019 年下降 4 位。

2020 年，泰州市知识产权环境指标指数为 0.5670，位居江苏省第 7 位，较 2019 年上升 1 位。知识产权环境-管理、知识产权环境-服务和知识产权环境-人才 3 项二级指标分别位居江苏省第 6、第 10 和第 10 位，较 2019 年分别上升 1 位、上升 1 位、下降 2 位。12 项三级指标中，通过全国专利代理师资格考试人数指标位居江苏省第 7 位，较 2019 年上升 1 位；知识产权专业人才培训人数指标位居江苏省第 13 位，较 2019 年下降 7 位（表 5-12）。

表 5-12　泰州市知识产权实力分项指标指数

序号	指标	2020 年		2019 年	
		指数	排名	指数	排名
	知识产权实力指数	**0.4946**	**8**	**0.4379**	**9**
	知识产权创造	**0.5125**	**8**	**0.4969**	**9**
	数量	0.4012	10	0.3828	10
1	专利授权量	0.4443	9	0.5679	8
2	发明专利授权量	0.3741	10	0.2642	10
3	PCT 国际专利申请量	0.5510	8	0.4916	9
4	商标注册量	0.3395	11	0.2975	12
5	地理标志商标数量	0.6000	6	0.6000	6
6	集成电路布图设计登记发证数量	0.0592	12	0.0000	12
	质量	0.4881	9	0.4224	10
7	发明专利授权量占比	0.5863	9	0.3924	12
8	发明专利授权率	0.4586	12	0.3181	11

续表

序号	指标	2020 年		2019 年	
		指数	排名	指数	排名
9	高价值发明专利拥有量	0.4411	8	/	/
10	专利获奖数量	0.2667	9	0.2667	9
11	马德里商标国际注册申请量	0.4950	8	0.6154	5
	效率	0.5566	7	0.5663	8
12	每万人口发明专利拥有量	0.6000	7	0.6000	7
13	每百亿元 GDP 专利申请量	0.5842	8	0.6000	7
14	每十亿元 GDP 发明专利拥有量	0.4748	8	0.5163	8
15	每百亿元 GDP 高维持年限发明专利拥有量	0.6000	7	0.5301	8
16	万企有效注册商标企业数	0.5477	10	0.6000	7
17	每万户企业注册商标拥有量	0.4765	13	0.4973	13
	知识产权运用	**0.2674**	**11**	**0.1000**	**13**
	数量	0.2847	12	0.0913	12
18	专利实施许可合同备案量	0.4667	9	0.0000	11
19	专利实施许可合同备案涉及专利量	0.1024	12	0.0000	11
20	知识产权质押项目数	0.3957	12	0.2889	12
21	知识产权技术合同成交数量	0.1521	12	0.1099	13
	效果	0.2384	9	0.1145	12
22	知识产权技术合同成交金额	0.6061	6	0.0819	12
23	专利质押融资金额	0.1279	9	0.1545	11
24	商标质押融资金额	0.0000	10	0.0000	6
	知识产权保护	**0.6139**	**7**	**0.5304**	**7**
	行政执法	0.6382	6	0.4527	10
25	查处专利侵权纠纷和假冒专利案件量	0.6000	7	0.1181	11
26	商标行政执法案件数量	0.6000	7	0.5507	8
27	"正版正货"承诺企业数量	0.7364	4	0.7568	3
	维权援助	0.5734	6	0.6600	3

序号	指标	2020 年		2019 年	
		指数	排名	指数	排名
28	维权援助中心及分支机构数量	0.4500	9	0.7000	5
29	维权援助中心举报投诉受理量	0.7586	4	0.6000	3
	知识产权环境	**0.5670**	**7**	**0.5653**	**8**
	管理	0.6085	6	0.6059	7
30	知识产权专项经费投入	0.5819	8	0.5257	8
31	知识产权管理机构人员数	0.6727	5	0.6727	5
32	国家知识产权试点示范园区数	0.6571	4	/	/
33	知识产权贯标企业数量	0.5212	9	0.5382	8
34	知识产权战略推进计划项目数	0.6000	7	0.6000	7
	服务	0.5252	10	0.4994	11
35	专利申请代理率	0.4888	13	0.4302	13
36	商标申请代理率	0.5272	10	0.5062	10
37	知识产权服务机构数量	0.5838	8	0.5900	8
	人才	0.5052	10	0.5363	8
38	知识产权专业人才培训人数	0.5333	13	0.6142	6
39	中小学知识产权教育试点学校数量	0.4800	9	/	/
40	通过全国专利代理师资格考试人数	0.6000	7	0.3667	8
41	知识产权领军及骨干人才数量	0.3484	9	0.2667	9

十三、宿迁市知识产权实力分项指标分析

2020 年宿迁市知识产权实力指数为 0.2815，位居江苏省第 13 位。如图 5-13 所示，宿迁市知识产权创造、知识产权运用、知识产权保护和知识产权环境 4 项一级指标发展不均衡，知识产权环境指标指数高于知识产权创

造、知识产权运用和知识产权保护指标指数。

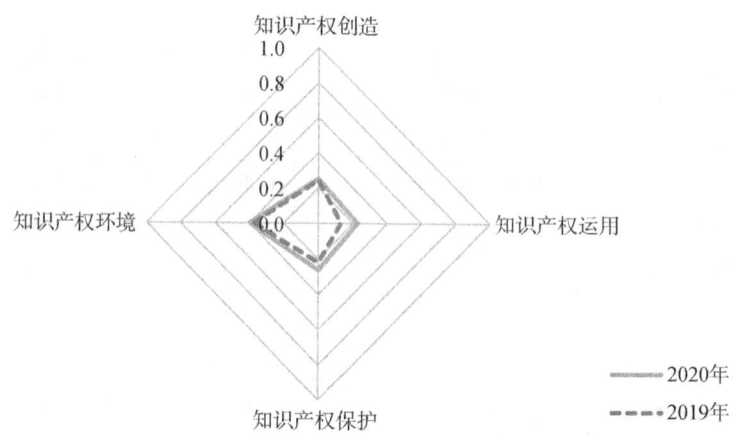

图 5-13 2019—2020 年宿迁市知识产权实力一级指标指数

2020 年，宿迁市知识产权创造指标指数为 0.2593，位居江苏省第 13 位。知识产权创造–数量、知识产权创造–质量和知识产权创造–效率 3 项二级指标分别位居江苏省第 13、第 13 和第 12 位，其中，知识产权创造–效率指标排名较 2019 年上升 1 位。17 项三级指标中，每百亿元 GDP 专利申请量、每万户企业注册商标拥有量 2 项指标均位居江苏省第 7 位，较 2019 年均上升 3 位；集成电路布图设计登记发证数量指标位居江苏省第 13 位，较 2019 年下降 2 位。截至 2020 年年底，宿迁市有效发明专利量 2200 件，同比增长 40.40%。从技术领域小类来看，有效发明专利量前三位的技术领域分别是电机、电气装置、电能 208 件，纺织和造纸机器 176 件，机器工具 171件，合计 555 件，占宿迁市有效发明专利总量的 25.23%。从重点企业专利权人来看，有效发明专利量前三位的企业分别是江苏斯迪克新材料科技股份有限公司 92 件、浙江天能电池（江苏）有限公司 63 件、斯迪克新型材料（江苏）有限公司 43 件。从 13 个先进制造业集群龙头骨干企业来看，物联网领域龙头骨干企业江苏中科君达物联网股份有限公司有效发明专利量2件。

从先进制造业集群发明专利授权量来看，2020年宿迁市前沿新材料产业集群发明专利授权量11件，位居江苏省第13位，其中，先特高温合金材料发明专利授权量7件，位列江苏省第12位。从重点企业来看，江苏斯迪克新材料科技股份有限公司2020年度前沿新材料产业发明专利授权量5件。2020年宿迁市477家国家高新技术企业累计实现产值827亿元、营业收入842亿元、出口总额84亿元，其中新材料领域企业发展效益最高。新材料产业以占宿迁市高企总量44.00%的企业（210家），贡献了58.00%的工业产值、56.00%的营业收入、71.00%的出口和70.00%的净利润。

2020年，宿迁市知识产权运用指标指数为0.2228，位居江苏省第12位。知识产权运用-数量和知识产权运用-效果2项二级指标分别位居江苏省第11和第12位，排名较2019年分别上升2位、下降3位。7项三级指标中，专利实施许可合同备案涉及专利量位居江苏省第8位，较2019年上升3位；商标质押融资金额指标位居江苏省第10位，较2019年下降4位。

2020年，宿迁市知识产权保护指标指数为0.2660，位居江苏省第12位，较2019年上升1位。知识产权保护-行政执法和知识产权保护-维权援助2项二级指标分别位居江苏省第13和第11位，其中，知识产权保护-维权援助指标排名较2019年下降3位。5项三级指标中，商标行政执法案件数量指标位居江苏省第11位，较2019年上升2位；维权援助中心举报投诉受理量指标位居江苏省第8位，较2019年下降2位。

2020年，宿迁市知识产权环境指标指数为0.4003，位居江苏省第13位。知识产权环境-管理、知识产权环境-服务和知识产权环境-人才3项二级指标分别位居江苏省第12、第13和第11位，其中，知识产权环境-管理指标排名较 2019 年下降 1 位，知识产权环境-人才指标较 2019 年上升 2 位。
12 项三级指标中，知识产权专业人才培训人数指标位居江苏省第 8 位，较
2019 年上升 4 位；知识产权领军及骨干人才数量指标位居江苏省第 13 位，
较 2019 年下降 4 位（表 5-13）。

表 5-13　宿迁市知识产权实力分项指标指数

序号	指标	2020 年		2019 年	
		指数	排名	指数	排名
	知识产权实力指数	**0.2815**	**13**	**0.2438**	**13**
	知识产权创造	**0.2593**	**13**	**0.2447**	**13**
	数量	0.1999	13	0.1904	13
1	专利授权量	0.3061	11	0.3013	11
2	发明专利授权量	0.0696	13	0.0556	13
3	PCT 国际专利申请量	0.1347	13	0.1239	13
4	商标注册量	0.5284	8	0.4327	8
5	地理标志商标数量	0.3200	13	0.3429	12
6	集成电路布图设计登记发证数量	0.0169	13	0.0194	11
	质量	0.1623	13	0.1520	13
7	发明专利授权量占比	0.1584	13	0.1556	13
8	发明专利授权率	0.3063	13	0.2642	13
9	高价值发明专利拥有量	0.0823	13	／	／
10	专利获奖数量	0.1333	11	0.1333	11
11	马德里商标国际注册申请量	0.2550	11	0.1500	13
	效率	0.3240	12	0.3057	13
12	每万人口发明专利拥有量	0.1266	13	0.1198	13
13	每百亿元 GDP 专利申请量	0.6000	7	0.4937	10
14	每十亿元 GDP 发明专利拥有量	0.1736	13	0.1817	13
15	每百亿元 GDP 高维持年限发明专利拥有量	0.1188	13	0.1301	13

序号	指标	2020 年		2019 年	
		指数	排名	指数	排名
16	万企有效注册商标企业数	0.6000	7	0.5900	8
17	每万户企业注册商标拥有量	0.6000	7	0.5581	10
	知识产权运用	**0.2228**	**12**	**0.1324**	**12**
	数量	0.2928	11	0.0821	13
18	专利实施许可合同备案量	0.4667	9	0.0000	11
19	专利实施许可合同备案涉及专利量	0.2488	8	0.0000	11
20	知识产权质押项目数	0.1149	13	0.1778	13
21	知识产权技术合同成交数量	0.3243	10	0.1971	11
	效果	0.1062	12	0.2162	9
22	知识产权技术合同成交金额	0.1907	11	0.3019	8
23	专利质押融资金额	0.0923	12	0.2261	10
24	商标质押融资金额	0.0000	10	0.0000	6
	知识产权保护	**0.2660**	**12**	**0.2254**	**13**
	行政执法	0.2636	13	0.2527	13
25	查处专利侵权纠纷和假冒专利案件量	0.1993	13	0.0508	12
26	商标行政执法案件数量	0.3222	11	0.3896	13
27	"正版正货"承诺企业数量	0.2708	12	0.3362	12
	维权援助	0.2700	11	0.1800	8
28	维权援助中心及分支机构数量	0.4500	9	0.3000	8
29	维权援助中心举报投诉受理量	0.0000	8	0.0000	6
	知识产权环境	**0.4003**	**13**	**0.3716**	**13**
	管理	0.3764	12	0.3902	11
30	知识产权专项经费投入	0.4650	10	0.1718	13
31	知识产权管理机构人员数	0.6000	7	0.6000	7
32	国家知识产权试点示范园区数	0.4000	8	/	/
33	知识产权贯标企业数量	0.4500	11	0.4279	11
34	知识产权战略推进计划项目数	0.2240	13	0.3000	13

续表

序号	指标	2020 年		2019 年	
		指数	排名	指数	排名
	服务	0.3746	13	0.4018	13
35	专利申请代理率	0.5047	12	0.5461	10
36	商标申请代理率	0.3134	13	0.3565	13
37	知识产权服务机构数量	0.5432	9	0.4300	9
	人才	0.4979	11	0.2829	13
38	知识产权专业人才培训人数	0.5818	8	0.3885	12
39	中小学知识产权教育试点学校数量	0.6000	6	/	/
40	通过全国专利代理师资格考试人数	0.2625	13	0.1000	13
41	知识产权领军及骨干人才数量	0.1935	13	0.2667	9

附　录

一、指标体系结构

本书采用统计综合评价方法对江苏省知识产权实力进行分析。江苏省知识产权实力指标体系见附表1。

附表1　江苏省知识产权实力指标体系

一级指标	二级指标	三级指标		
		序号	单位	指标
知识产权创造	数量	1	件	专利授权量
		2	件	发明专利授权量
		3	件	PCT国际专利申请量
		4	件	商标注册量
		5	件	地理标志商标数量
		6	件	集成电路布图设计登记发证数量
	质量	7	%	发明专利授权量占比
		8	%	发明专利授权率
		9	件	高价值发明专利拥有量

续表

一级指标	二级指标	三级指标		
		序号	单位	指标
知识产权创造	质量	10	项	专利获奖数量
		11	件	马德里商标国际注册申请量
	效率	12	件	每万人口发明专利拥有量
		13	件	每百亿元 GDP 专利申请量
		14	件	每十亿元 GDP 发明专利拥有量
		15	件	每百亿元 GDP 高维持年限发明专利拥有量
		16	家	万企有效注册商标企业数
		17	件	每万户企业注册商标拥有量
知识产权运用	数量	18	份	专利实施许可合同备案量
		19	件	专利实施许可合同备案涉及专利量
		20	个	知识产权质押项目数
		21	项	知识产权技术合同成交数量
	效果	22	亿元	知识产权技术合同成交金额
		23	亿元	专利质押融资金额
		24	亿元	商标质押融资金额
知识产权保护	行政执法	25	件	查处专利侵权纠纷和假冒专利案件量
		26	件	商标行政执法案件数量
		27	家	"正版正货"承诺企业数量
	维权援助	28	个	维权援助中心及分支机构数量
		29	件	维权援助中心举报投诉受理量
知识产权环境	管理	30	万元	知识产权专项经费投入
		31	人	知识产权管理机构人员数
		32	个	国家知识产权试点示范园区数
		33	家	知识产权贯标企业数量
		34	个	知识产权战略推进计划项目数

一级标题	二级标题	三级标题		
		序号	单位	指标
知识产权 环境	服务	35	％	专利申请代理率
		36	％	商标申请代理率
		37	个	知识产权服务机构数量
	人才	38	人	知识产权专业人才培训人数
		39	所	中小学知识产权教育试点学校数量
		40	人	通过全国专利代理师资格考试人数
		41	人	知识产权领军及骨干人才数量

二、指标解释

1）专利授权量：年度国内各类申请人的专利授权数量。

2）发明专利授权量：年度国内各类申请人的发明专利授权数量。

3）PCT 国际专利申请量：年度国家知识产权局受理的来自国内的 PCT 国际专利申请数量。

4）商标注册量：年度国内各类申请人的商标注册核准件数。

5）地理标志商标数量：截至年末地理标志商标累计注册量。

6）集成电路布图设计登记发证数量：年度集成电路布图设计登记发证的数量。

7）发明专利授权量占比：年度发明专利授权量/年度三种专利（发明、实用新型、外观设计）授权量。

8）发明专利授权率：近三年发明专利授权量/近三年发明专利申请量×100％。

9）高价值发明专利拥有量：截至年末本地区居民拥有的经国家知识产权局授权的符合重点产业发展方向、权利稳定或价值较高的有效发明专利数量。将符合以下任一方面要求的专利认定为高价值发明专利：①战略性新兴产业的有效发明专利；②在海外有同族专利权的有效发明专利；③维持年限超过 10 年的有效发明专利；④实现较高质押融资金额的有效发明专利；⑤获得国家科学技术奖、中国专利奖的有效发明专利。

10）专利获奖数量：年度国家级和省级专利奖获奖数量的合计。

11）马德里商标国际注册申请量：年度我国申请人通过商标国际注册马德里体系申请注册的商标数量。

12）每万人口发明专利拥有量：截至年末有效发明专利数量/上一年度年末常住人口数量。

13）每百亿元 GDP 专利申请量：年度专利申请量/年度地区生产总值×100。

14）每十亿元 GDP 发明专利拥有量：截至年末有效发明专利数量/年度地区生产总值×10。

15）每百亿元 GDP 高维持年限发明专利拥有量：截至年末维持 10 年及以上发明专利数量/年度地区生产总值×100。

16）万企有效注册商标企业数：截至年末拥有有效注册商标的企业数/企业总数×10000。

17）每万户企业注册商标拥有量：截至年末有效商标注册量/企业总数×10000。

18）专利实施许可合同备案量：年度经国家知识产权局备案的专利实施许可合同数量。

19）专利实施许可合同备案涉及专利量：年度经国家知识产权局备案

的专利实施许可合同涉及的专利数量。

20）知识产权质押项目数：年度经国家知识产权局备案的知识产权质押合同数量。

21）知识产权技术合同成交数量：年度技术市场成交的知识产权类型合同数量。

22）知识产权技术合同成交金额：年度技术市场成交的知识产权类型合同成交金额。

23）专利质押融资金额：年度经国家知识产权局备案的专利质押合同融资金额。

24）商标质押融资金额：年度经国家知识产权局商标局登记的商标专用权质押融资金额。

25）查处专利侵权纠纷和假冒专利案件量：年度专利侵权纠纷立案数量、专利其他纠纷立案数量和查处假冒专利立案数量 3 项指标的合计。

26）商标行政执法案件数量：年度查处商标一般违法与侵权假冒案件量和移送司法机关案件量。

27）"正版正货"承诺企业数量：截至年末"正版正货"承诺企业数量。

28）维权援助中心及分支机构数量：截至年末维权援助中心及分支机构数量。

29）维权援助中心举报投诉受理量：年度国家级知识产权维权援助中心移交举报投诉案件数量。

30）知识产权专项经费投入：年度知识产权专项经费投入金额。

31）知识产权管理机构人员数：截至年末知识产权管理机构编制人员数量。

32）国家知识产权试点示范园区数：截至年末国家级知识产权试点示范园区数量。

33）知识产权贯标企业数量：年度《企业知识产权管理规范》贯标参加备案的企业数量。

34）知识产权战略推进计划项目数：截至年末企业知识产权战略推进计划项目累计数量。

35）专利申请代理率：年度专利申请代理量/年度专利申请量×100%。

36）商标申请代理率：年度商标申请代理量/年度商标申请量×100%。

37）知识产权服务机构数量：年度实际开展专利申请代理业务或商标申请代理业务的机构数量。

38）知识产权专业人才培训人数：年度知识产权师培训参加人数。

39）中小学知识产权教育试点学校数量：截至年末中小学知识产权教育试点学校数量。

40）通过全国专利代理师资格考试人数：年度南京考点和苏州考点全国专利代理师资格考试合格人数的合计。

41）知识产权领军及骨干人才数量：截至年末江苏省知识产权领军人才和骨干人才数量的合计。

三、其他统计

附表 2　2020 年先进制造业集群发明专利申请量与授权量国内省市分布

集群名称	全国/件		国外来华占比/%		江苏省占比/%		广东省占比/%		北京市占比/%		上海市占比/%		浙江省占比/%	
	发明专利申请量	发明专利授权量	发明专利申请量	发明专利授权量	发明专利申请量	发明专利授权量	发明专利申请量	发明专利授权量	发明专利申请量	发明专利授权量	发明专利申请量	发明专利授权量	发明专利申请量	发明专利授权量
1. 新型电力（新能源）装备	8 4847	32 382	12.83	20.49	10.09	6.88	20.06	20.94	13.13	15.33	5.42	4.33	7.09	6.43
2. 工程机械	31 582	9 787	6.63	14.15	12.29	9.53	6.30	4.82	10.07	12.37	3.53	3.02	9.39	11.12
3. 物联网	34 954	8 021	4.58	7.28	11.26	9.36	19.64	19.94	15.35	19.29	7.24	4.86	8.90	8.53
4. 高端纺织	10 377	2 972	13.36	20.39	16.41	12.89	9.20	5.65	4.56	5.59	6.15	10.20	13.29	13.96
5. 前沿新材料	31 095	14 603	6.03	7.90	15.87	11.11	8.15	7.52	7.63	11.14	4.62	4.23	7.01	6.51
6. 生物医药和新型医疗器械	64 936	19 666	13.06	15.03	10.33	9.25	11.75	11.31	8.00	10.28	7.04	6.45	5.58	6.30
7. 集成电路	18 044	8 422	15.21	19.53	9.68	6.93	18.56	15.51	12.91	13.49	9.99	13.83	6.07	4.11
8. 海工装备和高技术船舶	12 178	4 156	3.40	6.57	14.33	13.33	9.76	7.15	6.54	7.96	10.96	9.65	9.94	13.21
9. 高端装备制造	42 633	11 886	11.28	16.67	12.07	8.41	13.44	9.84	11.06	14.6	5.22	5.48	6.21	6.26

续表

集群名称	全国/件		国外来华占比/%		江苏省占比/%		广东省占比/%		北京市占比/%		上海市占比/%		浙江省占比/%	
	发明专利申请量	发明专利授权量	发明专利申请量	发明专利授权量	发明专利申请量	发明专利授权量	发明专利申请量	发明专利授权量	发明专利申请量	发明专利授权量	发明专利申请量	发明专利授权量	发明专利申请量	发明专利授权量
10. 节能环保	25 027	6 674	2.66	5.29	14.84	12.02	12.16	9.63	8.00	13.04	4.45	3.66	10.51	11.93
11. 核心信息技术	164 026	52 364	7.23	12.70	9.06	5.95	21.61	24.47	20.96	22.38	7.10	4.82	7.45	7.47
12. 汽车及零部件（含新能源汽车）	56 926	20 844	14.21	21.16	12.53	8.41	12.37	10.33	8.25	10.78	6.41	4.42	7.50	9.40
13. 新型显示	12 551	6 023	15.02	17.72	11.96	8.19	15.49	13.35	11.74	15.27	8.60	11.44	5.13	4.40

附表3　2020年江苏省各设区市先进制造业集群发明专利申请量与授权量

单位：件

集群名称	南京市 发明专利申请量	南京市 发明专利授权量	无锡市 发明专利申请量	无锡市 发明专利授权量	徐州市 发明专利申请量	徐州市 发明专利授权量	常州市 发明专利申请量	常州市 发明专利授权量	苏州市 发明专利申请量	苏州市 发明专利授权量	南通市 发明专利申请量	南通市 发明专利授权量	连云港市 发明专利申请量	连云港市 发明专利授权量	淮安市 发明专利申请量	淮安市 发明专利授权量	盐城市 发明专利申请量	盐城市 发明专利授权量	扬州市 发明专利申请量	扬州市 发明专利授权量	镇江市 发明专利申请量	镇江市 发明专利授权量	泰州市 发明专利申请量	泰州市 发明专利授权量	宿迁市 发明专利申请量	宿迁市 发明专利授权量
1. 新型电力（新能源）装备	2766	908	577	139	585	137	545	154	1646	435	382	74	70	13	108	23	283	70	446	107	303	104	281	55	48	15
2. 工程机械	750	164	173	49	909	299	180	29	711	106	229	78	37	12	74	21	229	54	191	43	227	38	134	39	39	2
3. 物联网	1902	384	267	52	150	21	201	34	835	151	133	17	19	3	61	18	73	12	96	10	144	36	67	9	7	4
4. 高端纺织	176	43	293	79	107	9	139	21	513	92	159	70	23	5	25	9	97	24	49	10	53	8	39	8	30	5
5. 前沿新材料	1246	426	553	225	229	56	458	147	1098	328	288	64	45	12	72	32	154	40	193	54	373	202	186	25	41	11
6. 生物医药和新型医疗器械	2534	682	633	294	265	53	315	76	1441	319	493	79	302	127	70	16	116	23	176	53	126	53	209	41	28	3
7. 集成电路	344	157	380	116	82	25	120	23	560	161	85	26	5	0	17	29	29	13	35	18	34	8	44	6	11	2
8. 海工装备和高技术船舶	459	158	231	106	55	21	59	18	209	39	150	34	54	6	22	2	64	21	73	17	250	94	114	37	5	1
9. 高端装备制造	1924	617	321	70	254	70	347	64	1178	225	133	44	28	13	55	13	121	28	187	18	216	48	110	53	20	6

续表

集群名称	南京市		无锡市		徐州市		常州市		苏州市		南通市		连云港市		淮安市		盐城市		扬州市		镇江市		泰州市		宿迁市	
	发明专利申请量	发明专利申请量	发明专利申请量	发明专利申请量	发明专利申请量	发明专利申请量	发明专利申请量	发明专利申请量	发明专利申请量	发明专利申请量	发明专利申请量	发明专利申请量	发明专利申请量	发明专利申请量	发明专利申请量	发明专利申请量	发明专利申请量	发明专利申请量	发明专利申请量	发明专利申请量	发明专利申请量	发明专利申请量	发明专利申请量	发明专利申请量	发明专利申请量	发明专利申请量
10. 节能环保	1002	294	434	81	334	70	212	41	786	101	253	53	38	9	47	17	132	36	144	35	146	33	152	27	34	5
11. 核心信息技术	6650	1629	785	156	393	85	554	83	4954	873	385	60	93	9	117	23	195	36	221	28	361	108	128	19	31	5
12. 汽车及零部件（含新能源汽车）	1879	501	614	127	559	127	851	173	1606	326	276	77	41	13	77	31	301	79	279	38	424	186	184	66	42	10
13. 新型显示	382	170	277	79	63	9	92	19	470	165	51	11	2	0	15	5	22	5	31	12	56	11	35	7	5	0

附表4　2020年江苏省先进制造业各集群发明专利授权量前三名汇总表

产业集群	专利权人	授权量/件	优势技术领域
新型电力 （新能源） 装备	国电南瑞科技股份有限公司	35	智能变电站、云平台、电网调度
	南京南瑞继保电气有限公司	32	级联型变流器、柔性直流输电、换流阀
	国网江苏省电力有限公司	31	电缆井、巡线机器人、差动保护
工程机械	徐州盛斗士生物科技有限公司	17	微型车、采摘车、气动式
	南京德朔实业有限公司	13	电动工具、供电系统、打草机
	苏州宝时得电动工具有限公司	13	割草机、动力工具、打草机
物联网	南京甄视智能科技有限公司	10	多模型融合、人脸检测、性别识别
	国网江苏省电力有限公司	4	电网调度、多传感器融合、知识图谱
	苏州浪潮智能科技有限公司	3	区块链、智能化改造、分布式存储
前沿新材料	南京钢铁股份有限公司	41	镍基高耐蚀复合钢、轧制工艺、高强度钢板
	江阴兴澄特种钢铁有限公司	29	高强度不锈钢、风电轴承、非金属夹杂物
	江苏省沙钢钢铁研究院有限公司	18	耐火高效焊接、温度传感器、复合微合金
生物医药 和新型医 疗器械	江苏恒瑞医药股份有限公司	37	替格瑞洛、造影剂、钾通道抑制剂
	正大天晴药业集团股份有限公司	35	雄激素受体拮抗剂、单克隆抗体、重组蛋白
	江苏康缘药业股份有限公司	32	苷类化合物、热毒宁、苓桂术甘汤
高端纺织	江苏恒力化纤股份有限公司	38	涤纶多孔丝、热熔丝、异形截面纤维
	东丽纤维研究所 （中国）有限公司	7	针职物、尼龙纤维、镂空
	江苏恒科新材料有限公司	6	羊毛、超细旦涤纶、涤纶FDY丝 的制备方法
集成电路	德淮半导体有限公司	22	半导体、管芯、曝光系统
	昆山国显光电有限公司	20	发光器件、显示屏、电导率测量装置
	华进半导体封装先导技 术研发中心有限公司	19	助焊剂、集成器件、碳纳米片
海工装备 和高技术 船舶	中国船舶科学研究中心 （中国船舶重工集团公司 第七〇二研究所）	72	载人潜水器、舱口盖、海底 扬尘及泥沙抑制装置
	中船澄西船舶修造有限公司	14	柴油发电机、焊接工装、闸阀
	中船动力有限公司	8	双燃料发动机、柴油机、噪声抑制方法

续表

产业集群	专利权人	授权量/件	优势技术领域
高端装备	苏州宝时得电动工具有限公司	16	电锤、动力工具、电动工具
	中车南京浦镇车辆有限公司	16	地铁车辆 H 型逻辑控制电路、磁轨制动、轨道车辆
	中国船舶重工集团公司第七二四研究所	11	波导缝隙天线、方位检测、辐射源
节能环保	博西华电器（江苏）有限公司	6	制冷装置、发光模组、真空系统
	亚太泵阀有限公司	6	自动密封阀门、潜水排污泵、污水处理搅拌型曝气装置
	苏州华商新能源有限公司	6	废气处理装置、脱硫脱硝装置、废水处理方法
核心信息技术	苏州浪潮智能科技有限公司	306	计算机可读存储介质、CPLD、印制电路板
	苏州思必驰信息科技有限公司	34	计算机可读存储介质、人机对话、语音活性检测
	南京中兴软件有限责任公司	32	移动终端、数据迁移、光偏振调节器
汽车及零部件	清陶（昆山）能源发展股份有限公司	25	电池、陶瓷基、固态电解质膜
	蜂巢能源科技股份有限公司	17	动力电池、链路通信、驱动电路
	国网江苏省电力有限公司	10	储能电站、电动汽车充电桩、电动汽车故障诊断方法及设备
新型显示	昆山国显光电有限公司	46	阵列基板、OLED、白光发光器件
	昆山龙腾光电股份有限公司	23	面板、光传感器、背光调节电路
	无锡华润上华科技有限公司	15	半导体器件、电压提升电路、整流器

附表5　截至2020年年底江苏省有效发明前100名制造业企业统计表

序号	企业名称	截至2020年年底有效发明专利量/件	专利前三技术领域分布
1	国电南瑞科技股份有限公司	857	电机、电气装置、电能；计算机技术；测量
2	无锡小天鹅电器有限公司	822	其他消费品；电机、电气装置、电能；发动机、泵、涡轮机
3	博众精工科技股份有限公司	786	机器工具；装卸；测量
4	富士康（昆山）电脑接插件有限公司	777	电机、电气装置、电能；光学；电信
5	苏州浪潮智能科技有限公司	771	计算机技术；数字通信；音像技术
6	苏州宝时得电动工具有限公司	738	机器工具；其他特殊机械；电机、电气装置、电能
7	南京南瑞继保电气有限公司	681	电机、电气装置、电能；测量；计算机技术
8	昆山龙腾光电股份有限公司	633	光学；音像技术；计算机技术
9	无锡华润上华科技有限公司	583	半导体；光学；测量
10	昆山国显光电有限公司	539	半导体；音像技术；表面加工技术、涂层
11	徐州重型机械有限公司	520	装卸；机器零件；运输
12	江苏苏博特新材料股份有限公司	489	材料、冶金；高分子化学、聚合物；测量
13	上海梅山钢铁股份有限公司	443	材料、冶金；机器工具；测量
14	南京中电熊猫液晶显示科技有限公司	400	光学；音像技术；半导体
15	江苏康缘药业股份有限公司	395	药品；有机精细化学；测量
16	南京钢铁股份有限公司	394	材料、冶金；机器工具；测量
17	南京德朔实业有限公司	392	机器工具；电机、电气装置、电能；其他特殊机械
18	好孩子儿童用品有限公司	369	运输；家具、游戏；其他消费品

序号	企业名称	截至 2020 年年底 有效发明专利量/件	专利前三技术领域分布
19	博西华电器（江苏）有限公司	366	其他消费品；热工过程和器具；机器零件
20	无锡中感微电子股份有限公司	355	电机、电气装置、电能；计算机技术；音像技术
21	徐工集团工程机械股份有限公司	342	装卸；土木工程；机器零件
22	苏州佳世达电通有限公司	342	音像技术；计算机技术；电机、电气装置、电能
23	苏州达方电子有限公司	339	电机、电气装置、电能；计算机技术；运输
24	中车南京浦镇车辆有限公司	333	运输；机器工具；测量
25	中国移动通信集团江苏有限公司	302	数字通信；电信；计算机技术
26	张家港康得新光电材料有限公司	297	光学；音像技术；基础材料化学
27	中车戚墅堰机车车辆工艺研究所有限公司	289	材料、冶金；机器零件；机器工具
28	南京中兴软件有限责任公司	288	数字通信；计算机技术；电信
29	江苏恒力化纤股份有限公司	282	纺织和造纸机器；高分子化学、聚合物；其他消费品
30	南京中兴新软件有限责任公司	276	数字通信；计算机技术；电信
31	天合光能股份有限公司	260	半导体；电机、电气装置、电能；表面加工技术、涂层
32	南京华洲药业有限公司	243	基础材料化学；有机精细化学；
33	通富微电子股份有限公司	239	半导体；测量；表面加工技术、涂层
34	苏州金螳螂建筑装饰股份有限公司	239	土木工程；电机、电气装置、电能；机器工具

序号	企业名称	截至 2020 年年底有效发明专利量/件	专利前三技术领域分布
35	华映视讯（吴江）有限公司	236	音像技术；光学；半导体
36	江苏美的清洁电器股份有限公司	234	家具、游戏；电机、电气装置、电能；测量
37	汉达精密电子（昆山）有限公司	230	其他特殊机械；表面加工技术、涂层；计算机技术
38	神讯电脑（昆山）有限公司	229	计算机技术；电机、电气装置、电能；音像技术
39	常熟开关制造有限公司（原常熟开关厂）	224	电机、电气装置、电能；测量；控制
40	高创（苏州）电子有限公司	223	光学；音像技术；半导体
41	徐州天骋智能科技有限公司	222	机器工具；土木工程；化学工程
42	盛科网络（苏州）有限公司	222	数字通信；计算机技术；测量
43	苏州佳世达光电有限公司	219	光学；音像技术；计算机技术
44	江苏龙灯化学有限公司	214	基础材料化学；有机精细化学；
45	正大天晴药业集团股份有限公司	209	有机精细化学；药品；生物技术
46	苏州江南嘉捷电梯有限公司	209	装卸；机器工具；土木工程
47	科沃斯机器人股份有限公司	205	家具、游戏；控制；热工过程和器具
48	苏州热工研究院有限公司	200	测量；发动机、泵、涡轮机；材料、冶金
49	南京国电南自电网自动化有限公司	197	电机、电气装置、电能；计算机技术；测量
50	江苏省沙钢钢铁研究院有限公司	196	材料、冶金；机器工具；测量
51	徐州融创达电子科技有限公司	194	装卸；机器工具；其他特殊机械
52	苏州汇川技术有限公司	187	电机、电气装置、电能；装卸；测量
53	江苏长电科技股份有限公司	187	半导体；光学；音像技术

序号	企业名称	截至 2020 年年底有效发明专利量/件	专利前三技术领域分布
54	苏州科达科技股份有限公司	182	音像技术；计算机技术；数字通信
55	友达光电（苏州）有限公司	181	光学；音像技术；电机、电气装置、电能
56	江苏豪森药业集团有限公司	181	有机精细化学；药品；生物技术
57	天臣国际医疗科技股份有限公司	180	医学技术；机器工具；
58	江苏恒瑞医药股份有限公司	178	有机精细化学；药品；生物技术
59	无锡华润矽科微电子有限公司	174	计算机技术；基础通信程序；音像技术
60	南通江海港建设工程有限公司	171	化学工程；机器工具；材料、冶金
61	金东纸业（江苏）股份有限公司	171	纺织和造纸机器；装卸；高分子化学、聚合物
62	华灿光电（苏州）有限公司	166	半导体；光学；表面加工技术、涂层
63	江苏中烟工业有限责任公司	161	测量；其他消费品；基础材料化学
64	江苏和成显示科技有限公司	160	基础材料化学；有机精细化学；光学
65	江苏麟龙新材料股份有限公司	159	表面加工技术、涂层；材料、冶金；基础材料化学
66	无锡透平叶片有限公司	157	机器工具；测量；材料、冶金
67	中国石化扬子石油化工有限公司	156	高分子化学、聚合物；有机精细化学；化学工程
68	苏州三星电子有限公司	155	其他消费品；热工过程和器具；控制
69	江苏新美星包装机械股份有限公司	154	装卸；其他特殊机械；化学工程
70	南车戚墅堰机车有限公司	153	机器工具；测量；运输
71	昆山允升吉光电科技有限公司	151	纺织和造纸机器；表面加工技术、涂层；机器工具
72	南京梅山冶金发展有限公司	143	机器工具；装卸；化学工程

序号	企业名称	截至 2020 年年底有效发明专利量/件	专利前三技术领域分布
73	苏州艾隆科技股份有限公司	141	装卸；控制；医学技术
74	金红叶纸业集团有限公司	137	纺织和造纸机器；装卸；家具、游戏
75	虹光精密工业（苏州）有限公司	136	音像技术；装卸；计算机技术
76	苏交科集团股份有限公司	133	土木工程；测量；材料、冶金
77	苏州睿澎诚科技有限公司	132	机器零件；医学技术；有机精细化学
78	江阴兴澄特种钢铁有限公司	131	材料、冶金；测量；机器工具
79	邳州市景鹏创业投资有限公司	130	机器工具；家具、游戏；其他特殊机械
80	快捷半导体（苏州）有限公司	129	电机、电气装置、电能；基础通信程序；音像技术
81	苏州阿特斯阳光电力科技有限公司	127	半导体；表面加工技术、涂层；其他特殊机械
82	昆山思拓机器有限公司	126	机器工具；测量；表面加工技术、涂层
83	国电南京自动化股份有限公司	124	电机、电气装置、电能；测量；计算机技术
84	通鼎互联信息股份有限公司	123	数字通信；电机、电气装置、电能；其他特殊机械
85	江苏奥赛康药业有限公司	121	药品；有机精细化学；测量
86	徐工集团工程机械有限公司	118	土木工程；机器零件；装卸
87	吴江万工机电设备有限公司	117	纺织和造纸机器；测量；控制
88	江苏亨通线缆科技有限公司	117	电机、电气装置、电能；高分子化学、聚合物；光学
89	中冶华天南京工程技术有限公司	116	材料、冶金；装卸；机器工具
90	江苏金风科技有限公司	116	发动机、泵、涡轮机；其他特殊机械；装卸

续表

序号	企业名称	截至 2020 年年底有效发明专利量/件	专利前三技术领域分布
91	泰州乐金电子冷机有限公司	114	其他消费品；发动机、泵、涡轮机；热工过程和器具
92	双良节能系统股份有限公司	114	热工过程和器具；环境技术；发动机、泵、涡轮机
93	无锡同春新能源科技有限公司	113	其他消费品；家具、游戏；电机、电气装置、电能
94	诚瑞光学（常州）股份有限公司	113	光学；音像技术；半导体
95	莱克电气股份有限公司	111	家具、游戏；电机、电气装置、电能；发动机、泵、涡轮机
96	江苏永钢集团有限公司	108	材料、冶金；机器工具；装卸
97	启东市三江建筑机械有限公司	107	药品；家具、游戏；其他特殊机械
98	飞依诺科技（苏州）有限公司	107	医学技术；计算机技术；电机、电气装置、电能
99	常州亿晶光电科技有限公司	107	半导体；测量；电机、电气装置、电能
100	熊猫电子集团有限公司	106	电信；数字通信；音像技术